기독교인들이 쓴 에니어그램

공동체문화원 에니어그램 시리즈 1
기독교인들이 쓴
에니어그램

2017년 1월 9일 초판 1쇄 발행
2017년 2월 9일 초판 2쇄 발행

엮은이 | 공동체문화원
글쓴이 | 윤명선 외 10인
펴낸이 | 김영호
펴낸곳 | 도서출판 동연
편 집 | 박연숙 디자인 | 황경실 관리 | 이영주
등 록 | 제1-1383호(1992년 6월 12일)
주 소 | (우 03962) 서울시 마포구 월드컵로 163-3
전 화 | (02) 335-2630
팩 스 | (02) 335-2640
이메일 | yh4321@gmail.com / h-4321@daum.net

Copyright ⓒ 공동체문화원 공동체문화원 2016

이 책은 저작권법에 따라 보호받는 저작물이므로, 무단 전재와 복제를 금합니다.
잘못된 책은 바꾸어 드립니다.
책값은 뒤표지에 있습니다.

ISBN 978-89-6447-351-1 03300
ISBN 978-89-6447-350-4 03300(세트)

공동체문화원 에니어그램 시리즈 1

기독교인들이 쓴
에니어그램

공동체문화원 엮음
윤명선 최경원 이애영 김순희 이수인 김은희
최재숙 이정섭 박미례 박찬남 서주옥 함께 씀

Enneagram

동연

"땅의 모든 끝이 하나님을 경외하리요."

머리말

하나님의 은혜가 정말 족하다

"어머나! 나는 내가 그런 사람인 줄 몰랐어요"라고 말하던 사람들이 모여서 에니어그램을 공부하고 있다. 함께 기도하며 성경을 읽다 보니 에니어그램이 성경을 이해하는 데 큰 도움이 된다는 것을 알게 되었다.

이번에 우리 공동체문화원 식구들은 잠언을 통하여 나를 관찰하고 내가 어떤 사람인지 연구하면서 나 자신을 이해하는 작업을 하였다. 아직도 많이 부족하지만 에니어그램을 배우기 전보다 에니어그램을 배우고 난 후의 우리들의 삶의 질이 조금씩 나아지는 것 같아 이렇게 좋은 것을 함께 나누고 싶어서 우리의 고백을 책으로 엮어보았다.

그동안 우리는 성경 말씀을 잘 이해하기 위해 심리학을 끌어오고, 철학에 견주어 보고, 삶의 이야기도 나누어 보았다. 그리고 이제 에니어그램의 눈으로 성경을 보는 것이 성경이 우리에게 가장 가까이 다가온다는 것을 깨닫게 되었다.

에니어그램은 사람들의 성격 유형을 아홉 가지로 구분하고 유형마다 독특한 격정(죄)이 있다고 알려줄 뿐만 아니라 그 죄를 구체적으로 회개할 수 있는 방법까지 가르쳐준다.

예수께서 "회개하라, 하늘나라가 가까이 왔다"라고 말씀하셨지만 '어떻게 회개해야 하는지'를 잘 모르는 사람들이 많다. 기독교인들이 제대로 회개하고 죄로부터 해방되어 살아간다면 이 땅 위에 하늘나라가 이루어지는 것이 어렵지 않으리라고 생각한다. 나 혼자만 잘 살려고 애쓰던 이기적인 마음이 변하여, 다른 사람의 이익을 생각하는 사람이 많아진다면 우리 사회는 지금보다는 훨씬 더 안정된 사회가 될 것이다. 많은 사람들이 에니어그램을 공부하여 우리나라 국민 수준이 올라갔으면 좋겠다.

'에니어그램 학교'라는 이름으로 매주 화요일 아침 11시부터 밤 10시까지 공부하는 공동체문화원 식구들의 열정과 사랑에 감사한다. 그렇게 수년 동안(2011년 이래 현재까지) 온종일 공부하는데도 지루하지 않게 우리를 이끌어 주시는 성령의 힘이 참 신기하다.

이 책을 출판해 주신 동연의 김영호 사장님과 그 회사 가족들에게 감사드린다.

2017. 1. 1.
공동체문화원 원장 윤명선

차례

머리말 / 5

1부 | 성경을 통해 본 에니어그램 이해

성경과 에니어그램 13
  1. 일인가, 존재인가? / 13
  2. 회개 / 15
  3. 수련 / 19
에니어그램의 역사 26
  1. 상징과 역사 / 26
  2. 굴지예프의 중심 가르침 / 33
에니어그램과 영성 40
  1. 통전적 영성 / 40
  2. 영성 일지 / 42
  3. 에니어그램과 영성 / 43
에니어그램과 성경 격언 53
에니어그램 인성 유형 한눈에 보기 57
나의 인성 유형 찾기 59

2부 | 에니어그램 유형별 특성과 나의 기도

1번 유형: 개혁형 71
  1. 개혁형의 개괄적 소개 / 71
  2. 온유와 지혜를 향하여 _ 최경원 / 75
2번 유형: 봉사형 81
  1. 봉사형의 개괄적 소개 / 81
  2. 진정한 겸손은 어디서 오는가 _ 이애영 / 84

3번 유형: 성공형   90
- 1. 성공형의 개괄적 소개 / 90
- 2. 나의 방패가 되시는 주님 _ 김순희 / 93
- 3. 하나님의 뜻을 구하는 자 _ 이수인 / 98

4번 유형: 개인형   104
- 1. 개인형의 개괄적 소개 / 104
- 2. 연민으로부터의 탈출 _ 김은희 / 108
- 3. 불을 품은 마음이 용서하는 마음으로 _ 최재숙 / 114

5번 유형: 관찰형   120
- 1. 관찰형의 개괄적 소개 / 120
- 2. 지식의 근본 _ 이정섭 / 123

6번 유형: 수호형   131
- 1. 수호형의 개괄적 소개 / 131
- 2. 알 때나 모를 때나 _ 박미례 / 134

7번 유형: 이상형   139
- 1. 이상형의 개괄적 소개 / 139
- 2. 이상형 마주하기 _ 박찬남 / 142

8번 유형: 대결형   148
- 1. 대결형의 개괄적 소개 / 148
- 2. 버럭 대장 _ 윤명선 / 151

9번 유형: 보존형   159
- 1. 보존형의 개괄적 소개 / 159
- 2. 나의 허울, 나의 평화 _ 서주옥 / 162

참고문헌 / 169

부록   171
공동체문화원 소개 / 173
글쓴이 소개 / 181

일러두기
본문에 쓴 성경은 개역개정판을 사용하였습니다.

1부
성경을 통해 본 에니어그램 이해

Enneagram

성경과 에니어그램
에니어그램의 역사
에니어그램과 영성
에니어그램과 성경 격언
에니어그램 인성 유형 한눈에 보기
나의 인성 유형 찾기

기독교인들이 쓴 에니어그램

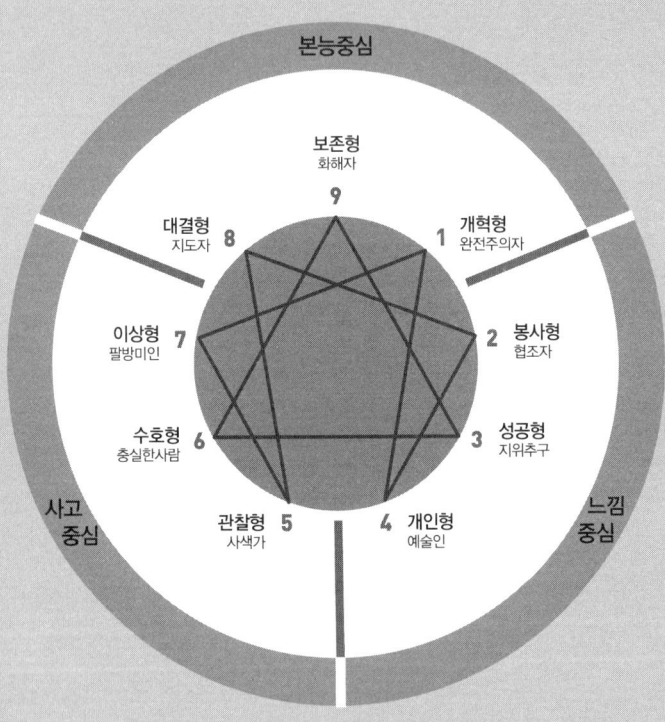

에니어그램의 유형 개괄

 성경과 에니어그램

1. 일인가, 존재인가?

칠십 인이 기뻐하며 돌아와 이르되 주여 주의 이름이면 귀신들도 우리에게 항복하더이다. 예수께서 이르시되 사탄이 하늘로부터 번개같이 떨어지는 것을 내가 보았노라, 내가 너희에게 뱀과 전갈을 밟으며 원수의 모든 능력을 제어할 권능을 주었으니 너희를 해칠 자가 결코 없으리라. 그러나 귀신들이 너희에게 항복하는 것으로 기뻐하지 말고 너희 이름이 하늘에 기록된 것으로 기뻐하라 하시니라(누가복음 10:17-20).

예수께서 사람들의 병을 고치시고, 귀신을 내쫓고 심지어는 죽은 사람까지도 살리는 것을 보며 이를 부러워하던 제자들이 자기네들도 그런 일을 하게 되었으니 얼마나 기뻤을까? 선교하러 나갔다가 돌아와 예수께 이를 보고하면서 신이 나서 떠드는 제자들에게 예수께서는 칭찬하기는커녕 찬물을 끼얹는 것 같은 말씀을 하신다.

일을 열심히 잘하는 것보다 제자들의 이름이 하늘에 기록된 것으로 기뻐하라는 것은 그들의 존재에 대해서 생각하라는 말이다. 제자들의 존재 자체가 땅에, 세상에 있는 사람들이 아니라 하늘에 있다는 말일 것이다. 사람들이 하나님의 영광을 위해서 산다고는 하지만 그것이 하나님 앞에서 얼마나 큰일이겠는가! 하나님은 우리가 얼마나 좋은 일을 많이 하느냐를 보는 것이 아니라 우리가 하나님에게 속해 있는가를 보신다는 말이다.

예수께서 일을 시작하시면서 하신 첫 말씀이 "회개하라 천국이 가까이 왔느니라"(마태복음 4:17)이다. 인류의 죄를 대신하여 십자가의 고난을 당하신 후 사흘 만에 부활하셨다는 것을 믿는 사람이면 모두 용서를 받아 구원을 얻는다는 것이 성경의 핵심이란 것을 안다. 그런데 우리의 죄를 용서 받기 위해서는 우리의 죄를 회개해야 된다는 전제가 따르는 것이다.

나는 에니어그램 8번 유형이다. 욕심이 많고 무엇이든지 자기 마음대로 하려는 경향이 많기 때문에 일이 잘 안 되면 '버럭'

화를 내곤 한다. 98% 잘 해오다가 한 번의 화 때문에 다 수포가 되어 버리는 경험을 그동안 수없이 해오고 있었다. 75년 동안 예수를 믿으며 회개를 해 오건만 그때뿐이었는데 에니어그램을 공부하고 보니 8번인 나는 다른 사람에게 '뜨거운 동정심'을 갖지 못했던 것을 회개하며 일이 잘되는 것보다 사람에 대한 사랑을 더 가져야 한다는 것을 알게 되었다. 그래서 매번 버럭 화내는 실수를 할 때마다 '주여! 저 사람이 저렇게 할 수밖에 없는 마음을 제게 알려 주옵소서' 하면서 사람에 대한 관심을 갖기 시작하였다. 그 후로 나는 화내는 일이 줄어들면서 마음의 평안이 생기고 나를 위해 수난 당하신 예수님과 더 가까이하게 되었다. 또한 나를 구원하셔서 내 이름이 하늘나라의 생명책에 기록되어 있음을 찬양하며 살고 있다.

2. 회개

1) 먼저 죄를 인정하여야 한다: 사도 바울의 고백

내가 행하는 것을 내가 알지 못하노니 곧 내가 원하는 것은 행하지 아니하고 도리어 미워하는 것을 행함이라. 만일 내가 원하지 아니하는 그것을 행하면 내가 이로써 율법이 선한 것을 시인하노니 이제는 그것을 행하는 자가 내가 아니요 내 속에 거하는 죄니라. 내 속 곧 내 육신에 선한 것이 거하지 아니하는 줄을 아노니 원함은 내게 있으나 선을 행하는 것은 없노라. 내가 원하는바 선은 행하지 아니하고 도리어 원하지 아니하는바 악을 행하는 도다. 만일 내가 원하지 아니하는 그것을 하면 이를 행하는 자는 내가 아니요 내속에 거하는 죄니라. 그러므로 내가 한 법을 깨달았노니 곧 선을 행하기 원하는 나에게 악이 함께 있는 것이로다. 내 속사람으로는 하나님의 법을 즐거워하되 내 지체 속에서 한 다른 법이 내 마음의 법과 싸워 내 지체 속에 있는 죄의 법으로 나를 사로잡는 것을 보는 도다. 오호라 나는 곤고한 사람이로다. 이 사망의 몸에서 누가 나를 건져내랴. 우리 주 예수 그리스도로 말미암아 하나님께 감사하리로다. 그런즉 내 자신이 마음으로는 하나님의 법을, 육신으로는 죄의 법을 섬기노라(로마서 7:15-25).

예수님 다음가는 의인으로 여겨지는 사도 바울의 고백이다. 더구나 로마서를 쓸 때의 바울은 나이가 많이 들었다. 이런 바울도 자기 속에 있는 죄 때문에 이렇게 고민하는데 평범한 우리는 어떻겠는가! 자기가 하고 싶은 착한 행실은 하지 않게 되고, 하지 않으려는 나쁜 일들이 자기를 끌고 가는 것을 느낄 때 괴로움이 생긴다. 이러한 격정을 다스리지 않고 살아간다면 자기 마음이 원하는 대로 살아가지 못하고 죄의 노예가 되어 살아간다. 자신이 원하는 행복한 삶을 살아가지 못하고 다른 사람에게도 폐를 끼치게 된다. 대부분의 사람들은 자기가 무슨 말을 하고 사는지, 어떤 단점이 있는지를 잘 모르고 살아가면서 자기는 그렇지 않다고 말한다. 그러나 이렇게 사도 바울처럼 자기의 죄를 인정하는 사람은 성숙의 단계에 들어갈 수 있다.

2) 죄를 회개함

우리는 흔히 죄를 회개한다고 하면, '어제 누구를 미워한 것을 용서해 주세요', '거짓을 회개합니다'라고 하며 자범죄를 반성하든가 아니면 감정으로 지은 죄를 뉘우치면서 여러 가지 영역으로 왔다 갔다 하곤 한다. 자꾸 회개를 한다고는 하지만 반성에 지나지 않을 때가 많다. 회개란 버전을 바꾸는 것(conversion)이라고 한다. 성경 말씀을 보면서 좀 더 깊이, 바른 회개를 하는데 에니어그램이 큰 도움을 준다.

죄를 회개하면 감정, 생각, 행동 사이에서 균형이 이루어져 자기 자신을 다스릴 수 있게 된다. 생각 없이 늘 습관적으로 하던 행동에 제동을 걸 수 있고 변화와 성숙의 길로 가게 된다. 긍정적인 에너지를 발휘하게 되어 의식과 생각이 열리게 된다.

또한 다른 사람과의 관계도 유연해져서 자기도 행복하고 다른 사람도 행복하게 해줄 수 있게 된다. 즉 삶의 패턴이 바뀌는 것이다. 그렇게 살기 위해서 회개하고 수련을 하는 것이다.

에니어그램에서는 아홉 가지 성격유형을 다루고 있는데 그 유형마다 각각 독특한 격정이 있으며 그것을 다른 말로는 죄라고 할 수 있다. 어느 유형의 성격이 더 좋고 나쁜 것이 아니다. 에니어그램을 공부하는 목적 중에 중요한 것은 자기의 유형을 찾아 자기의 독특한 죄를 회개하는 것이다. 각 유형의 죄는 분노, 교만, 기만, 시기, 인색, 공포, 탐닉, 정욕, 게으름인데 에니어그램은 그것을 각각 회개하는 방법까지 제시해주고 있다. 모든 사람이 이런 죄를 다 지으며 살아가지만 그중에서 자기 유형의 죄를 중심적으로 회개하면서 수련을 해가면 다른 것은 저절로 해결되어간다고 한다. 그러나 그것을 위해서는 회개하기 위한 인간의 투쟁과 하나님의 은총이 맞닿아야 한다. 그래서 에니어그램은 심리학적으로만 공부하면 안 되고 영성적인 관점에서 공부를 해야 온전한 인격을 향해 전진할 수가 있다.

에니어그램의 장점은 회개하는 방법이 각 유형마다 다르다는 것을 말해 주고 있는 것이다. 정확하게 자기의 유형을 알아내어 그 유형의 방법대로 회개하면 그동안 잘못 살아왔던 습관을 바꿀 수가 있다. 물론 지속적으로 기도하면서!

3. 수련

그 누구보다도 성령체험을 강하게 한 사도 바울도 노년에 "오호라 나는 곤고한 자로다"라고 고백한 것처럼 아무리 성경 말씀을 잘 깨달았다 해도 매일매일 기도하면서 생활 속에 적용해 나가지 않으면 그 기운이 사그라들 수 있다. 마찬가지로 에니어그램을 통해 자기 유형과 격정을 이해하고 회개를 한 후 다음 덕목으로 이어가려면 계속해서 수련해야 한다.

수련인생(work life)을 살아가는 사람은 끊임없이 정진해야 한다. 스스로 인성을 고착시키거나 인성에 묶여서 살아서는 안 된다. 먼저 나의 인성은 거짓 인성임을 자각하고 내가 기피하는 것과 함정에 빠지는 것이 무엇인지 알고 격정을 넘어서야 함을 인식해야한다. 부정적인 감정, 잘못된 습관을 넘어서는 작업을 지속적으로 하다 보면 인성과 본성 사이에 거리를 두게 된다(distancing). 수없이 많은 나를 벗어나서 참된 나를 찾아가야 한다. 그래서 조화와 균형이 이루어진 의식 수준을 향하여 정진하면서 본성을 회복해 나가야한다. 굴지예프는 인간의 의식의 일곱 수준에서 적어도 제6수준을 목표로 해서 가라고 말했다. 그렇게 하기 위해서는 '의식적 노력'(conscious effort)과 '자발적 고난'(voluntary suffering) 즉 고생을 사서하는 수련이 필요하다고 말한다. 에니어그램을 흔히 '자기발견의 여행', '자기발견의 지혜'라고 한다.

1) 에니어그램의 기본과정

첫째, 자신의 격정을 발견하고
둘째, 그 원인을 깨닫고
셋째, 격정을 극복하는 것이다.

2) 수련은 해방으로 가는 과정이다

에니어그램을 공부한다는 것은 반드시 수련을 동반한다는 말이다. 분별을 잘하였을지라도 결단력이 부족하여 수련을 잘하지 않으면 그 분별력은 아무 효능을 발휘하지 못하게 된다. 에니어그램은 자기 혼자 책을 읽거나 자료를 많이 알고 있을지라도 그것을 생활 속에서 실천하는 수련과 병행하지 않으면 변화가 이루어지지 않는다. 그래서 굴지예프는 "자기 자신에 대하여 수련하라"라고 권한다. 수련에는 인간이 자신의 잠재력을 펴게 하는 지성적인 연구, 자기관찰, 나날의 명상, 거룩한 춤, 협동적 노력, 예술, 공예, 여행, 육체적 노동 등이 있다.

3) 조화와 균형

이런 다양한 활동을 하면서 감정, 생각, 행동 사이의 조화와 균형이 이루어지고 있는지, 한쪽이 편협하거나 기울어져 있지 않는지를 관찰하면서 중심을 잡아야 균형을 이루어가는 수련이라고 할 수 있다. 지식과 존재 사이의 균형과 조화가 깨지면 깨달음을 기대하기가 어렵다. 잠에서 깨어나서 '온전함의 영성'을 회복하려고 수련을 하는 것이다.

(1) 깨어나라(awake)

깨어나지 못하고 잠자는 상태란, 내가 나 자신을 모르고 산다는 말이다. 모든 사람은 행복해지기를 원하기는 하는데 그 행복을 자기 것으로 만들기보다는 오히려 주는 '복'도 깨트리기를 곧잘 한다. 그것은 마음속에 있는 공포나 불안 때문에 자기가 원하는 것은 이루지 못하고, 하고 싶어 하지 않는 일을 하면서 사는 모습이다. 예를 들어 한 사람의 단점을 놓고 볼 때, 다른 사람들은 그 사람의 단점에 대해서 다 알고 있는데도 정작 자기 자신은 그렇지 않다고 하는 사람을 볼 수 있다. 이런 사람은 에니어그램의 이론은 알고 있는지는 몰라도 아직 깨어나지 못했다고 할 수 있다. 인간의 본성을 찾으려면 나를 알고 세계를 알아야하는데 그러기 위해서는 우리의 의식이 잠자고 있다는 것을 인정하고 거기에서 깨어나야 한다.

(2) 의식하라(aware)

수련을 하면서 자기를 관찰하고, 자기를 이해하기 위해서는 내가 지금 어떤 상태에 있는지, 어떤 과정을 거쳐, 어떻게 회복해 나아가, 어떻게 성숙해야 하는지를 늘 살피면서 자기의 상태를 의식해야 한다. 그렇게 하기 위해서는 온전함의 영성, 통전적 영성을 지향하며 에니어그램을 배워야 한다. 즉 에니어그램을 영성심리학의 체계로 배워야 한다.

(3) 집중하라(attention)

'쉬지 말고 기도하라'는 말처럼 에니어그램 수련은 계속해서 온전히 나 자신에게 집중하지 않으면 퇴행으로 가 버리게 된다. 에니어그램의 역동성, 즉 우리의 성격은 그냥 그 자리에 있는 것이 아니라 매일 매일 매 순간 움직이고 있기 때문이다. 아침에 기분이 굉장히 좋았다가도 오후에 어떤 것에 걸려서 우리의 격정이 그만 그것에 휘말릴 수 있다. 그러나 격정도 우리가 에너지를 얻는 방법일 수 있기 때문에 그런 잘못된 에너지를 밝혀내어 잠자는 현실을 힘찬 에너지로 변화시킬 수 있는 것이다.

⑷ 일생동안 한다

에니어그램은 한곳에 머물러 있지 않고 영속적인 운동을 하는 것이기 때문에 수련도 일생 지속되어야 한다. 그러면서 에니어그램 체계를 현실에 연결시켜야 한다. 자기도 모르게 반복되는 습관이나 자기감정을 조절할 수 없는 것에 그대로 머물러 사는 것을 자기 감옥에 갇혀 사는 것이라고 한다면, 해방을 위한 수련을 시작했다는 것은 우리 생활에서의 기계적 자동반응이 의식적으로 멈추기 시작했다는 말이다.

에니어그램에 나타나는 긍정적인 단어로 옳음, 사랑, 성취, 품위, 지혜, 충실, 기쁨, 강함, 평화가 있는데 긍정적인 기운으로 자기의 베스트를 잘 발휘하면서 건강한 삶을 살 때 나타나는 것들이다. 그렇게 살기 위해 그동안 뒤집어쓰고 살던 거짓 자아로부터 탈출해야 하고 자기가 자기 속에 얽매여 살고 있었다는 것을 인정해야 한다.

잠자는 의식으로부터 깨어나 자신의 부정적인 감정(예: 수치심, 두려움, 화)을 나와 동일시하지 않고, 그것들을 따로 떼어내서 객관적으로 볼 수 있어야 한다. 그러려면 온몸을 다해 저항해야 하는 어려움이 따른다.

의식이 깨어나면 결단을 내리고 생명의 기운으로 살아갈 수 있게 된다. 한 사람의 깨어남이 온 공동체에 좋은 기운을 불어 넣어줄 수 있고, 깨어난 사람은 다소 부정적인 기운이 오더라도 긍정적으로 되돌릴 수 있다. 이런 것이 '영성의 힘'이다. 의식이 깨어있는 사람은 항상 변화하려는 욕구를 갖게 되고 단계를 따라 성장해 나갈 수 있다. 에니어그램은 본인만이 알 수 있는 내면의 태도, 감정, 사고, 가치관, 행동 등의 동기가 합쳐져 만들어진 성격유형 이론이기 때문에 결국에는 자기 자신이 자기를 들여다보아야 한다. 다른 사람은 그 사람의 겉모습을 보고 섣불리 판단할 수 있기 때문이다.

(5) 수련은 갈등을 동반한다

수련을 하기 시작하면 타성과 습관에 젖어 살던 말과 행동에 저항하기 위해 제동을 걸어야 하는데 그렇게 되면 자신의 내면과 외면, 타인과의 관계, 환경 속에서 갈등이 뒤따르게 된다. 갈등이 생기는 것을 두려워하거나 좌절하지 말고 '늘 깨어있으면서' 수련해야 한다. 그리고 에니어그램 수련은 절대로 혼자 할 수 없으며 공동체 속에서 다른 사람들과 더불어 해야 한다. 그러다 보면 공동체가 시끄러워질 수 있으나 수련을 하기 위해서는 그런 과정도 견뎌내야 한다. 그 속에서 서로 부추겨 줄 수도 있고, 참아줄 수도 있고, 바른말을 해줄 수도 있어야 한다.

공동체문화원에서는 매주 화요일에 모여서 함께 수련한다. 아침 11시에서 저녁 10시까지이다. 먼저 예배드리면서 성경과 에니어그램으로 메시지를 받는다. 우리는 각자 자기의 감사기도를 적는 노트를 가지고 있다. 자기가 적은 기도를 돌려가면서 읽는 연도를 한다. 점심은 어찌 그리 매번 맛있는지! 오후에는 산책을 하기도 하고, 어떤 때는 저녁 식사를 밖의 식당에 가서 하기도 한다. 에니어그램 책을 같이 읽기도 하고, 나누어서 연구해 발표를 하기도 한다.

함께 수련을 하다 보면 의견이 다를 수도 있고, 기분 나쁜 감정이 일어나기도 한다. 그러나 때로는 말도 안 되는 것 같은 이야기도 끝까지 들어주는 훈련을 한다. 부끄러움도 느끼며 시기심도 일어나며 답답한 마음도 생긴다. 그럴 때마다 참아주기도 하며 기다려주기도 하고 때로는 바른말을 해주기도 하면서 함께 수련을 해나가고 있다. 감정의 골이 생기기도 하지만 감정의 골을 풀어가기도 하면서 때마다 주님의 자비를 믿으며 성령의 인도함을 받고 있다.

 # 에니어그램의 역사

1. 상징과 역사

1) 에니어그램의 정의

에니어그램은 고대로부터(4,500년 전) 전해져 내려오는 지혜로서 '나와 세상'에 대한 이해에 밝은 빛을 던져주는 정교한 체계이다. 많은 사람들이 에니어그램을 통하여 자신을 발견하고 자기 이해의 통찰을 하게 된다. 자신을 잘 모르고, 자기 격정에 사로 잡혀 스스로가 어떤 행동을 하는지 모르고 사는 사람은 '나'라는 감옥에 갇혀 사는 것과 같다고 하는데, 자신과 세상을 이해하려는 사람들에게 에니어그램은 갈 길을 밝혀주는 등대와 같다. 자아라는 감옥에서 탈출하여 해방의 길로 가기 위한 성찰의 도구인 것이다. 에니어그램은 '아홉'을 뜻하는 헬라어 '에네아스'(enneas)와 기록을 뜻하는 '그람'(gram)의 합성어이다. 누가 만들었는지 확실한 자료는 없으나 명상을 하는 사람들이나 각종 종교에 속한 사람들이 이것을 공부해 온 흔적이 있다.

① 에니어그램은 지적, 영적 성장을 도와주는 훌륭한 도구라고 한다(심리학자, 신학자).
② 에니어그램은 자기인식을 통하여 회개할 수 있도록 도와준다. 자기인식은 힘겹고 고통스러운 내적 작업을 말한다. 그 길을 가려면 용기가 필요하다. 그러나 자기인식의 고통은 치유의 시작이 될 수 있다.
③ 에니어그램은 여러 문화 간의 대화, 종교 간의 대화를 이루어 낸다.
④ 에니어그램은 유일한 대답이 아니라 많은 표지판 중의 하나이다.
⑤ 에니어그램은 우리를 하나님과 만날 수 있도록 이끌어주는 도구이다. 교만과 자아가 제거되기 때문이다.

2) 에니어그램의 역사

언제, 어디에서, 누가 시작하였는지는 분명하지 않으나, 사막의 교부부터(기독교 이전) 시작했다는 말과 수피교(중세 이슬람교 신비주의, 이슬람교 일부가 신봉하는 일종의 신비주의적 신념과 사상을 가진 금욕주의) 신자들이 공부하였다는 설이 있다. 이들은 이슬람 말로 수프(SUF)라고 하는 거친 모직 옷을 몸에 걸치고 고행하였던 사람들이다. 이들에게서 비밀스럽게 전해지면서 보존되고 발전되어 왔다.

수피교 스승들은 아무에게나 에니어그램을 전해준 것이 아니라 조언을 구하는 사람에게만 그 사람의 영적 성장에 맞게 알려 주었다고 한다. 그러나 수피교 문헌에는 에니어그램에 대한 희미한 흔적도 없다고 한다. 그것으로 보아 에니어그램은 은밀한 지식이었고, 입에서 입으로 전해져 내려온 것이라고 보고 있다.

- 인도에서,
- 이란에서,
- 피타고라스,
- 카발라(중세 유다 신비철학),
- 이슬람교의 도래(피타고라스 사후 1000년경),
- 프란시스코 복자에 이르기까지 거슬러 올라가면 이들이 에니어그램 공부를 해 왔다고 한다.

에니어그램에 대한 정확한 역사의 기록은 없으나 전해져 내려오는 일반적인 전설은 여러 종교의 요람이었던 근동지방을 거쳐 왔고, 이 에니어그램이 여러 종교에 영향을 끼쳤다고 보는 것이다. 예수 탄생 때 찾아온 지혜로운 동방박사들은 성직자, 철학자, 천문학자이자 점성술가, 심리학자, 신학자, 마법사들이며 에니어그램과 관계있는 사람으로 언급되기도 한다(베넷).

— 고대 그리스도교의 사막교부인 에바그리우스 폰티쿠스가 쓴 글에서 안드레아스 에베르트(『내 안에 접힌 날개』 저자)는 에니어그램의 상징과 기독교가 관련이 있음을 보았다고 한다.
— 1996년에 폰티쿠스는 국제저널인 월간 에니어그램(Enneagram monthly) 11호에 '에니어그램의 기원은 결국 그리스도교가 아닐까?'를 실었다고 한다.
— 1996년 4월에 린 카콜로(Lynn Quiolo)가 '피타고라스, 굴지예프, 그리고 에니어그램'이라는 평론을 발표했다. 이것은 폰티쿠스와 아무 상관없이 독자적으로 쓴 글로 폰티쿠스와 같은 발견을 한 것이 우연히도 같은 해에 같은 잡지에 실렸다고 한다. 린 카콜로는 영국 셔본(Sherborne)에 있는 J, G 베넷 국제아카데미평생교육원 졸업생이다.

― 오크스(나란조의 제자: 예수회 사제)도 에니어그램이 기독교 신비주의에 깊이 뿌리박힌 것을 확신했다고 한다.

3) 굴지예프

1916년 현대에 와서 에니어그램을 전 세계에 퍼지게 한 사람은 굴지예프이다. 그는 "넓게 말해서 에니어그램은 우주적 상징으로 이해할 필요가 있다. 모든 지식이 에니어그램에 포함될 수 있고, 에니어그램의 도움을 받아서 그 모든 지식이 해석될 수 있다"라고 하였다. 에니어그램은 인간의 현상과 인성 유형에 대해 어떤 이론이나 체계보다 정확히 표현해줄 뿐만 아니라 자아를 발견하고 인격을 완성하는 데 더할 수 없는 큰 도움을 준다. 굴지예프는 고대의 지혜에 관심을 갖고 아르메니아 고대 유적지를 돌아다니다가 아프가니스탄, 터키 지방에서 에니어그램 상징과 만나게 되었다.

1922년 파리 근교 프리외레(Prieure)에 '인간의 조화로운 발달 연구원'을 세워 가르치기도 하였다. 당시의 에니어그램은 성격유형론보다 우주의 조화로운 구조의 포괄적 상징이자 내적 역동성에 있었다. 굴지예프는 에니어그램 근거자료에 대해서 명시적인 정보를 준 적이 없지만 그의 제자인 베넷(J. G.

Bennett)은 그가 아시아에서 수피교도에게 에니어그램을 배웠다고 주장했다.

1912-1922년에는 동유럽에서
1922-1949년에는 서유럽에서 가르쳤으며 미국으로 건너가 뉴욕에서 에니어그램을 펼치기도 하였다. 그리하여 서방세계에 에니어그램이 알려지기 시작하였으며(100여 년 전부터) 1950년대 이카조로 이어진 에니어그램 연구는 1970년대부터 나란조, 오크스, 리소에 의해 성격유형의 표본이 만들어지게 되었다.

어떤 사람들은 굴지예프가 성격의 에니어그램을 가르친 것이 아니라고 말하기도 하지만 제임스 무어(James Moore), 제임스 니들먼(James Needleman), 케네스 워커(Keneth Walker) 등은 『굴지예프 평전』(*Gurdjieff International Review*)에서 그가 얼마나 심오하고 예리하게 인간의 격정을 꿰뚫어 보며 가르쳤는가를 기록하고 있다.

굴지예프가 전해준 에니어그램의 우주적인 법칙에다 심리학, 정신분석학 등이 더해져서 9가지 성격유형이 완성되었다.

4) 김영운

우리나라에서는 1992년에 김영운 목사가 미국의 샌프란시스코신학대학에서 에니어그램을 배워 왔다. 그가 담임으로 있는 작은교회(기독교대한감리회)에서 리소의 에니어그램책으로 교인들과 함께 영어로 에니어그램을 공부하기 시작하였다. 2014년에 돌아가시기까지 22년간 꾸준히 에니어그램을 연구하고 다른 사람들에게 전파하는 일을 하였다.

5) 공동체문화원

— 1995년부터 김영운 목사는 공동체문화원(원장 윤명선) 산하에 있는 다솜학교 학생들(초1-고3)과 교사들에게 처음으로 에니어그램을 가르치기 시작하였다.
— 1998년 1월에 3박 4일 다솜학교 어린이 캠프를 하면서 본격적인 에니어그램 수련을 시작하여 부모와 함께하는 공부를 하였다. 다솜학교에서는 지금까지도 에니어그램 공부를 하고 있다.
— 2011년부터 공동체문화원 회원들이 매주 한 번씩 모여 에니어그램 수련을 시작하였다.
— 2013년 7월부터 3박 4일 수련 등 여러 가지 형태의 수련회를

열고 있다.

— 현재는 매주 화요일마다 '에니어그램 학교'를 열어(아침 11시-저녁 10시) 에니어그램 공부, 수련, 연구를 하고 있다.

6) 공동체성서연구원

김영운 목사는 2000년에 공동체성서연구원의 이름으로 어른들을 대상으로 하는 에니어그램 수련회를 열기 시작하여 제47회를 마쳤다.

7) 대한에니어그램영성학회

2010년 8월 13일에 김영운 목사와 윤명선, 김수지, 이광자가 함께 '대한에니어그램영성학회'를 창립하였다.

2. 굴지예프의 중심 가르침

에니어그램을 알기 위해서는 굴지예프의 중심 가르침을 알아야 할 필요성이 있다. 굴지예프는 1911년경 러시아에서 그의 철학을 신성무(사람들의 움직임이 엄격하게 정의된 춤으로 여러 가지 형태의 춤동작을 통해 특정한 법칙이 시각적으로 재현되는 춤이다. 문자가 발명되기 이전에 문자와 같은 역할을 했다)를 통해 가르치면서 그의 어록을 살펴본다.

1) 에니어그램은 우주의 상징이다

— 인류가 살아남기 위해서 동양의 지혜와 서양의 에너지가 통합하여 힘을 발휘해야 한다.
— 생명의 의미와 의의는 무엇이며, 구체적으로 인생의 의미와 목적은 무엇인가?

그 대답은 "인류를 위해서 살아라!"(Work and live for humankind)이다.

2) 인간은 '자아'라는 감옥에서 사는 포로이다

감옥에 갇힌 포로가 도망쳐 나오려면 감옥에 채워진 자물쇠의 열쇠가 필요하다. 그리고 그 열쇠를 만들려면 자물쇠의 패턴을 알고 그 패턴대로 열쇠를 만드는 작업을 해야 한다. 즉 자신이 자아라는 감옥에서 사는 포로임을 깨닫고 그동안 진짜라고 여기며 살아온 자신이 진짜가 아님을 깨닫게 되었을 때 참된 나를 찾아가는 작업을 할 수 있다. 거짓된 자아라는 감옥으로부터 탈출하여 자유를 누릴 수 있게 되는 것이다. 에니어그램의 궁극적인 목적은 참된 자아를 발견하고 우주의 비밀을 재발견하는 데에 있다. 자신의 '거짓 인성'을 알게 된 사람이라야 '수련 인성'으로 살아가게 되고 지속적인 수련으로 '참된 인성'을 찾는 데까지 나아갈 수 있는 것이다. 굴지예프는 "내가 이미 배운 것을 사람들의 삶 속에 넣어주겠다"라고 했다. 그래서 본래적 존재로서 참된 나를 찾아가기 위한 영성수련의 길을 제시했다. 우리는 우리의 본성인 '참된 나'를 찾아가기 위한 수련을 통해 인간의 조화로운 발달을 이루어가는 것이다.

3) '나'는 다섯 단계로 세분화된다.

굴지예프는 영성수련을 통해 인식하게 되는 '나'를 다섯 단계로 세분화한다. 참된 나를 찾아가기 위해서는 다섯 단계의 수준이 있다는 것이다.

— 수많은 나(Many I's): 중심적인 나(Real I)는 없고 수많은 나(Many I's)로 존재한다.

— 관찰하는 나(Observing I)
— 기계적인 나에 저항하며 수련하는 나(Deputy steward)
— 모든 것을 통제하는 나(Steward)
— 영구적인 나, 참된 나(Real I)

4) 인간은 기계이다. 기계로부터 기대할 수 있는 것은 기계적인 행동 이외에는 아무것도 없다

인간은 기계적으로 기능하면서 살고 있다. 인간이 기계이기를 멈추려면 자신이 어떤 기계인지에 대해서 아는 것이 필요하다. 인간이 만일 자신의 기계적인 행동을 알게 된다면 이전과 같은 기계가 아니다. 진짜 기계는 자신을 알지 못한다. 만일 기계가 자신에 대해 안다면 더 이상 기계일 수 없다. 자신을 안다는 것은 자신의 행동에 대해 책임을 지기 시작한다는 것을 의미하기 때문이다. 여기서 더 나아가 자신의 기계적인 행동에서 벗어난다는 것은 바로 잠에서 깨어나는 것을 의미하며 '영원하고 참된 나'를 인식하며 산다는 것을 의미한다.

5) 인간의 의식에는 네 가지 상태가 있다

사람들이 극심한 이기주의, 폭력, 물질주의, 무한 경쟁주의에 빠져 잠들어 있다. 인간성과 영성 피폐의 잠에서 깨어나는 인간의 본성 회복이 필요하다. 잠자는 의식의 상태에서 '영원하고 참된 나'를 인식하며 사는 의식의 상태까지 인간의 의식을 네 가지로 구분할 수 있다.

— 잠자는 상태: 기계적인 삶을 살거나 본능에 따라 살아간다.
— 선잠 깬 상태: 잠자는 상태를 느끼나 이러한 상태로 일상생활을 살아간다.
— 자기를 의식하는 상태: 위험한 상황이 닥치거나 극단적인 감정의 상태에서 생기게 된다.
— 객관적 세계를 의식하는 상태: 극히 드문 경우로 존재하는 모든 것에 대한 진실을 꿰뚫어 본다.

6) 영성 수련의 목표는 객관적 의식의 상태를 지향하는 것이다

굴지예프는 자신의 본성을 회복하기 위한 목표를 세워야 한다고 말했다. 즉 인간의 객관적 의식의 상태를 지향해야 하는

데 굴지예프는 이것을 향해가는 목표를 7단계로 설명하고 있다. 그리고 영성수련의 목표를 적어도 6단계의 수준을 바라보고 세워야 하며 그러기 위해서는 '의식적 노력'과 '자발적 고난'이 필수적이라고 말한다. 의식의 성숙을 향해 가는 데에는 하나님이 한없이 주시는 은총을 믿는 동시에 각자의 분투노력이 더해져야 한다. 이러한 의식적 노력과 함께 자기 자신을 바로 알고자 하는 의지가 필요하다. 뿐만 아니라 자기 자신을 알기 위해서는 자기 자신을 둘러싸고 있는 세계를 알아야 한다. 자신과 세상을 연결시키지 않고 전체가 아닌 부분만 아는 것은 무지이기 때문이다. 에니어그램으로 자기를 알고 주변 사람들과 세상 사람들을 파악함으로써 자기 성장의 길이 열리게 된다.

― 1단계: 본능 중심으로 생각하며 물리적이고 육체 위주로 살아가는 사람이다.
― 2단계: 감성 중심으로 생각하며 감정이 움직이는 대로 살아가는 사람이다.
― 3단계: 지성 중심으로 생각하며 머릿속의 사고 체계를 중요시하는 사람이다.
― 4단계: 본능, 감성, 지성이 균형 잡힌 사람이다.
― 5단계: 고등감성 중심을 지니고 '영원한 나'를 인식하면서 사는

사람이다. 수정같이 명료화된 본성을 지닌다.

— 6단계: 고등지성 중심과 객관적 의식을 지닌 사람이다. 5단계의 인간이 지닌 모든 자질에 더하여 초인적인 힘을 발휘한다.

— 7단계: 어디에도 매이지 않고 자기 인생의 주인 노릇을 한다. 6단계의 사람이 갖는 인식의 상태에 더하여 모든 의식의 상태를 통제한다.

에니어그램과 영성

1. 통전적 영성

1) 정교한 체계

모든 사람은 육체와 마음과 영으로 구성되어 있다고 본다. 에니어그램은 고대로부터 전해져 내려오는 나와 세상에 대한 이해에 밝은 빛을 던져주는 정교한 체계이기에 수많은 사람들이 이것을 통하여 자기를 이해하고 살아가는 방법을 배워 나가고 있다.

많은 사람들이 육체의 건강을 위해 운동을 하고 마음과 행동을 바르게 하기 위해 인문학 공부를 한다. 그리고 영적인 갈급함을 채우기 위해 신앙을 가진다. 여러 가지 종교 속에서 각자 자기가 찾는 영적 과정이 있는 것이다.

김영운 목사는 대한에니어그램영성학회를 시작하면서 학회의 이름에다 '영성'이라는 말을 꼭 넣자고 주장하였다. 영성이란 하나님이 사람을 창조하신 섭리와 본성을 찾아가는 것인데, 그것은 그리스도를 닮아가고, 하나님의 형상을 회복하는 '통전적 영성'의 길로 가는 것이다. 여기에 에니어그램의 체계가 큰 도움을 준다고 생각하기 때문이었다.

2) 21세기는 영성의 시대

과학이 발달되고 많은 지식이 쏟아져 나올수록 사람들은 오히려 영적인 것을 추구하고 있는 것을 본다. 김영운 목사는 '통전적 영성'이란 말을 하면서 그리스도의 신앙과 현대의 생활양식이 하나님과의 관계를 심화시키고 하나님의 현존 안에서의 삶을 민감하게 인식하며 실존적으로 살아가는 것을 포괄적으로 '영성'이라고 보았다. 꼭 기독교 신앙만이 영성이라고 말할 수는 없지만 물질이 인간의 생활을 파괴하지 않게 하기 위해서는 영성이 함께 살아져야 한다.

3) 성서적 관점에서의 영성

그리스도인이 하나님을 알고,
그리스도를 닮아가고,
하나님의 형상을 회복하고,
하나님이 창조하신 섭리와 인간의 본성을 찾아가야 한다.
하나님을 체험하고,
그 체험을 말로나 행동으로 표현하고,
그 표현을 성숙시키는 삶을 살아간다.
즉 그리스도의 이미지를 회복하여 살아가야 할 사람으로서, 성령 안에서 변화와 성숙의 과정을 거쳐 '그리스도의 완전'에 이르기까지의 삶을 지향하는 것이다.

2. 영성 일지

① 자기를 발견하고 자기이해를 넓히기 위해 수련을 하면서 일지를 쓰는 일이 참으로 중요하다. 단지 사람들과의 이야기가 아닌, 자기와 하나님과의 관계에 대한 것이다.
② 하나님 앞에서 다른 사람과의 관계의 이야기를 적는다.
③ 자기 관찰, 자기 기억, 포기할 것, 확인할 것을 적는다.

④ 똑같은 잘못을 반복할지라도 점점 성숙되어 감을 보게 된다.

3. 에니어그램과 영성

1) 개인의 영성

자기의 감옥에서 벗어나 자유함을 얻으며 자기 자신을 사랑할 줄 안다.

이렇게 하려면 먼저 나와 하나님과의 관계가 잘 이루어져야 한다. 마태복음 5장 9절의 말씀과 에니어그램을 가지고 하나님과의 관계를 생각해본다.

평화를 이루는 사람은 복이 있다. 하나님이 그들을 자기의 자녀라고 부를 것이다.

평화를 이루고 싶어 하지 않는 사람은 없을 것이다. 그러면 어떻게 평화를 이루어가나? 모든 사람이 다 같은 방법으로 평화를 이루어가려고 애쓰는 것이 아니라 에니어그램 각 유형에 따라 다르게 접근해야 한다는 말이다. 사람들과의 평화를 생각하기 이전에 자기가 하나님 앞에서 자기와의 평화가 먼저 이루어져야 하기 때문이다.

   1번 유형은 분노가 문제이다. 자기가 잘못하거나 다른 사람들의 미성숙 때문에 항상 마음이 편치 않은 타입이다. 이들은 모든 것을 완전하게 하려고 하기보다, 이전보다 조금 나아지는 것에 대한 감사를 하다 보면 부글부글 끓던 마음에 평정이 이루어지며 마음의 평화를 느낄 수 있다.

   2번 유형은 남에게 잘해주기는 해도 자기에게 돌아오는 칭찬이나 감사가 없을 때는 자존심이 상하면서 섭섭해지기 시작한다. 그럴 때 자기가 남에게 잘해줄 수 있는 근원은 하나님이 그렇게 살 수 있도록 은총을 주신 것을 생각하면서 자기 스스로를 사랑하는 은총까지 느껴보면 마음의 평화를 얻을 수 있다.

   3번 유형은 실패하기를 두려워하면서 언제나 성공하고 싶은 욕망이 있기 때문에 마음의 평화를 느끼지 못할 때가 많다. 일의 능률을 올리는 것에 집중하기보다는 모든 면에서 이것이 하나님의 뜻에 맞는지를 먼저 생각해야 한다. 그러다보면 결과보다는 과정을 중요하게 볼 수 있게 되고 신실해지면서 마음에 평화가 온다.

4번 유형은 자기가 갖고 있지 않은 것을 다른 사람이 갖고 있을 때 시기심이 생기면서 동시에 열등감에 빠져들게 된다. 자기 혼자 독특해지고 싶은 마음이 생길 때 하나님과의 일치를 이루려고 애쓰다 보면 '우당탕'하던 마음이 침착해지면서 마음이 평화로워진다.

5번 유형은 항상 뭔가 빈 것 같은 마음에 자꾸 무언가를 채우려고 하는 욕심이 생기며 다른 사람과 나눔의 생활이 잘 안 된다. 자기가 뭔가를 알아내고 싶은 마음이 생길 때 모든 생활에 대한 하나님의 섭리를 생각하며 그것을 따라가다 보면 마음의 평화를 느끼며 초연해진다.

6번 유형은 안전하지 않을까 봐 항상 노심초사하면서 불안해하는 타입이다. 어떤 일을 하거나 사람과의 관계에서도 '이럴까 저럴까' 하며 두 마음속에서 평안을 이루지 못한다. 이럴 때는 사람이나 이념이나 그 무엇도 의지하지 말고 하나님만 의지하면 평화를 유지할 수 있다.

7번 유형은 고통을 못 견뎌 하며 항상 지금보다 더 나은 이상을 꿈꾸기 때문에 오히려 불안을 느끼게 된다. 불안을 없애기 위해 끊임없이 여기저기를 섭렵하며 물질세계에 빠져들기 쉽다. 이럴 때 혼자서 뭔가를 이것저것 하려고 애쓰지 말고 하나님의 창조, 즉 재창조하심에 눈떠서 동참해보면 정신이 맑아지면서 평화를 누릴 수 있다.

8번 유형은 자기는 잘났고 다른 사람을 지도하고 인도해야 된다는 오만이 있기 때문에 자기가 약한 것도 인정하지 않으며 다른 약자를 보호하다가 또 일을 저질러 평화를 깰 수 있는 타입이다. 일을 중요시하다가 사람의 인격을 다칠 수 있으므로 다른 사람에 대한 뜨거운 동정심을 가질 때 하나님이 주시는 평화를 지니면서 소박한 사람이 될 수 있다.

9번 유형은 갈등이 싫기 때문에 일이 일어나는 것이 귀찮아 자기가 할 일도 미루며 게으름을 피운다. 자기가 어떤 일을 개척하기보다는 누가해주면 따라가는 것이 더 편한 타입이다. 그러다 일이 잘 안 되면 '내 까짓게 뭘 한다고…' 하면서 자기를 비하하기도 한다. 이럴 때는 마음의 평화가 깨어져있을 때이다. 이럴 때 자기가 하나님으로부터 받은 무한한 사랑을 떠올리면서 다른 사람을 사랑해 보는 것이다.

이렇게 개인의 영성이 깊어지는 것은 하나님과의 관계 속에서 평화가 이루어질 때인 것을 에니어그램의 유형별로 우리에게 전해주고 있다.

2) 관계의 영성

다른 사람을 배려하고 살면서 모든 것을 정정당당하게 나누면서 산다.

개인의 영성이 깊어진 사람은 자연스럽게 다른 사람과의 관계가 원만해진다.

어떤 사람과의 갈등이 생길 때는, 혹시 그 갈등을 상대방이 먼저 만들었을지라도 그것을 해결하는 것은 나의 몫이다. 여러 가지 복잡한 일이 생겼어도 갈등을 해결하는 방법은 단 한 가지! '나의 격정'을 바라보는 것이다. "네가 잘못했기 때문에 네가 용서를 빌어야 내가 너를 용서하지" 하는 입장이 아니라 그 어떤 사람과도, 그 어떤 사건들에서도 관계를 평화롭게 할 수 있는 키(key)는 내가 가지고 있다는 것이다. 즉 갈등 사이에서 내 걱정이 어떻게 반응하는가를 보면서 내가 나 자신의 걱정을 다스리노라면 문제가 해결된다는 말이다. 상대방과의 관계가 좋아질 수도 있고, 만일 상대방의 마음이 안 풀어지더라도 나는 그 일 때문에 스트레스를 받지 않게 되기 때문이다.

3) 공동체의 영성

어느 누구도 누구를 지배하지 않는 건강한 공동체를 이룬다.

굴지예프가 말한 "인류를 위해서 살아라"라는 말을 공동체 속에서 실천할 수 있다. 각 유형의 특징을 상대방을 위해 쓴다면 각자의 달란트로 많은 사람을 위해 공헌할 수 있을 것이다.

1유형: 다른 사람을 있는 그대로 수용할 수 있다.
2유형: 자기가 한 일을 자랑하지 않으며 남을 돌볼 수 있다.
3유형: 결과에 집착하지 않으면서 자기 능력으로 다른 사람에게 공헌할 수 있다.
4유형: 흠이 생길까 봐 전전긍긍하던 데서 벗어나 높은 직관력으로 창의성을 발휘한다.
5유형: 자신의 풍부한 지식을 분석하지 않으며 다른 사람에게 행동으로 다가간다.

6유형: 하나님을 의지하면서 용기와 충실함으로 다른 사람을 위해 살 수 있다.

7유형: 맑은 정신으로 모든 사람들에게 풍요로움의 경험을 줄 수 있다.

8유형: 뜨거운 동정심으로 다른 사람의 삶을 개선하는데 소박하게 도움을 줄 수 있다.

9유형: 놀라운 사랑으로 모든 것을 품는 평화주의자가 될 수 있다.

4) 환경의 영성(우주)

이 세계와 온 우주까지 관심이 미칠 수 있는 넓고도 유연한 사람이 된다.

에니어그램은 모든 것을 온 우주와 연관해서 볼 수 있기에 수련하는 사람들은 자기 자신이 작은 우주라는 것을 느끼며 우주의 섭리 속에서 살아가는 의식을 가져야한다. 앞으로 환경 문제도 에니어그램 속에서 발전시켜 나가며 인류의 평화를 위해서 노력해야 한다.

5) 참고할 사항

(1) 자기의 베스트를 발휘하려면

가장 편한 마음으로

누구도 두려워하지 않고

누구하고도 경쟁하지 않으며

다만 자신이 할 수 있는 최선을 다하고

결과에 집착하지 않는 마음을 먹었을 때

의식과 생각이 열리고

감정이 부드러워지면서

다른 사람을 내리누르지 않으며

결과적으로 커다란 에너지가 분출한다.

(2) 각 유형의 말하는 방법

1유형: 정확하게 말하고 도덕적으로 설교하거나 가르친다.

2유형: 상대가 즐거워할 말을 잘하거나 충고 및 제언을 잘한다.

3유형: 설득력이 뛰어나다. 상대에게 뭔가를 구하는 식으로 말하고 감동적인 말을 잘한다.

4유형: 시적으로 말하고 감정을 과장하고 슬픈 어조로 동정심을 유발한다.

5유형: 논문 쓰는 식으로 서론, 본론, 결론과 같이 체계화하는 것을 잘한다.

6유형: 합법적인 권위를 선언하여 경계와 한계를 짓는 말을 잘한다.

7유형: 풍부한 표현과 다양한 몸짓으로 재미있게 이야기를 잘한다.

8유형: 도전적으로 말하거나 폭로적 혹은 직설적이다.

9유형: 무용담식으로 말한다. 본론이나 결론까지 시간이 걸린다.

(3) 자기 유형을 점검해 보려면

① 특성(유형의 숨겨진 동기)

개혁, 도움, 성공, 독특함, 지식, 충실, 즐거움, 힘, 평화(각 1~9)

② 부모와의 관계

• 긍정적: 6, 9, 3 • 부정적: 1, 4, 7 • 양가적: 2, 5, 8

③ 힘의 중심

• 장 중심(일): 8, 9, 1 • 심장 중심(감정): 2, 3, 4 • 머리 중심(사고): 5, 6, 7

④ 기본적 정서

• 분노: 8, 9, 1 • 수치심: 2, 3, 4 • 두려움(공포): 5, 6, 7

⑤ 행동방식

• 공격형: 8, 3, 1 • 의존형: 2, 6, 7 • 움추리는형: 5, 9, 4

⑥ 자아의식

• 내면이 외계보다 크다: 8, 2, 5 • 내면과 외계 동등: 3, 6, 9 • 내면이 외계보다 작다: 1, 7, 4

에니어그램과 성경 격언

1번 유형

— 노하는 자는 다툼을 일으키고 성내는 자는 범죄함이 많으니라(잠언 29:22).
— 노하기를 더디하는 자는 용사보다 낫고 자기의 마음을 다스리는 자는 성을 빼앗는 자보다 나으니라(잠언 16:32).
— 그러므로 하늘에 계신 너희 아버지의 온전하심과 같이 너희도 온전하라(마태복음 5:48).

2번 유형

— 교만은 패망의 선봉이요 거만한 마음은 넘어짐의 앞잡이니라(잠언 16:18).
— 그를 높이라 그리하면 그가 너를 높이 들리라 만일 그를 품으

면 그가 너를 영화롭게 하리라(잠언 4:8).

3번 유형

— 그는 정직한 자를 위하여 완전한 지혜를 예비하시며 행실이 온전한 자에게 방패가 되시나니
— 대저 그는 정의의 길을 보호하시며 그의 성도들의 길을 보전하려 하심이니라(잠언 2:7-8).
— 지나친 말을 하는 것도 미련한 자에게 합당하지 아니하거든 하물며 거짓말을 하는 것이 존귀한 자에게 합당하겠느냐(잠언 17:7).

4번 유형

— 평온한 마음은 육신의 생명이나 시기는 뼈를 썩게 하느니라(잠언 14:30).
— 대저 나를 얻는 자는 생명을 얻고 여호와께 은총을 얻을 것임이니라(잠언 8:36).

5번 유형

— 여호와를 경외하는 것이 지식의 근본이거늘 미련한 자는 지혜와 훈계를 멸시하느니라(잠언 1:7).
— 흩어 구제하여도 더욱 부하게 되는 일이 있나니 과도히 아껴도 가난하게 될 뿐이니라(잠언 11:24).

6번 유형

— 너는 갑작스러운 두려움도 악인에게 닥치는 멸망도 두려워하지 말라. 대저 여호와는 네가 의지할 이시니라 네 발을 지켜 걸리지 않게 하시리라(잠언 3:25-26).
— 사람을 두려워하면 올무에 걸리게 되거니와 여호와를 의지하는 자는 안전하리라(잠언 29:25).

7번 유형

— 너는 마음을 다하여 여호와를 신뢰하고 네 명철을 의지하지 말라(잠언 3:5).
— 사람이 마음으로 자기의 길을 계획할지라도 그의 걸음을 인

도하시는 이는 여호와시니라(잠언 16:9).

8번 유형

— 노하기를 더디 하는 것이 사람의 슬기요 허물을 용서하는 것이 자기의 영광이니라(잠언 19:11)
— 그리스도 예수의 사람들은 육체와 함께 그 정욕과 탐심을 십자가에 못 박았느니라(갈라디아서 5:24).

9번 유형

— 좀 더 자자, 좀 더 졸자, 손을 모으고 좀 더 누워 있자 하면 네 빈궁이 강도 같이 오며 네 곤핍이 군사 같이 이르리라(잠언 6:10-11).
— 부지런한 자의 손은 사람을 다스리게 되어도 게으른 자는 부림을 받느니라(잠언 12:24).

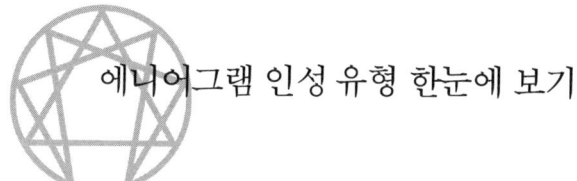
에니어그램 인성 유형 한눈에 보기

자기 변화는 그 성격 유형의 특성이 단점이 아닌 장점으로 드러나는 것이다.

1번 유형(개혁자)은 합리적이고, 원칙을 잘 지키고, 규율적이며 독선적이다.

2번 유형(협조자)은 잘 돌보고, 관대하고, 집착이 강하고 조작적이다.

3번 유형(지위추구자)은 동기부여를 잘하고, 적용을 잘하며, 야심적이고, 적개심이 있다.

4번 유형(예술인)은 직관적이고, 개인주의적이고, 자기 스스로에게 깊이 빠지고, 의기소침해 있기를 잘한다.

5번 유형(사색가)은 지각력이 뛰어나고, 독창적이고 도발적이고, 별나다.

6번 유형(충실한 사람)은 참여를 잘하며, 책임감이 강하고, 방어적이고, 안절부절 못한다.

7번 유형(팔방미인)은 열광적이고, 성취욕이 강한 형이고, 좀 과도하며, 충동적이다.

8번 유형(지도자)은 자신만만하고, 결단력이 있고, 지배적이고, 전투적이다.

9번 유형(평화주의자)은 수용을 잘하며, 낙관적이고, 체념하며, 자포자기한다.

	유형	특성	격정	기피	함정	회개	덕목
1	개혁형	완전주의자	분노	분노	완전	성숙	평정
2	봉사형	협조자	교만	필요	봉사	은총	겸손
3	성공형	지위추구	기만	실패	능률	하나님의 뜻	신실
4	개인형	예술인	시기	평범	진정성	하나님과 일치	침착
5	관찰형	사색가	인색	공허	지식	섭리	초연
6	수호형	충실한 사람	공포	일탈	안전	하나님을 의지	용기
7	이상형	팔방미인	탐닉	고통	이상주의	창조에 동참	맑은 정신
8	대결형	지도자	정욕	약함	정의	뜨거운 동정심	소박
9	보존형	화해자	나태	갈등	자기겸비	무조건적 사랑	근면

 나의 인성 유형 찾기*

에니어그램에서는 설문지 결과만으로는 자신의 유형을 정확하게 찾을 수 없다. 자기 자신에 대해 솔직하다면 설문지 결과가 정확할 수 있지만 많은 경우 마음속에 그리는 이상적인 모습을 자신의 실제 모습이라 여기며 그 문항에 체크할 가능성이 있기 때문이다. 따라서 설문지 결과를 기초로 에니어그램 전문가와 함께 어린 시절의 경험, 부모와의 관계, 에니어그램 유형 간의 여러 가지 특성들을 비교하면서 열 가지 이상의 교차 검증 과정을 거치면서 정확한 자신의 에니어그램 유형을 찾아가야 한다. 왜냐하면 에니어그램으로 자신을 찾는 과정은 탐구자 자신이 어떤 사람인지를 깨닫고 난 후의 자기 고백일 뿐만 아니라 자신의 유형을 정확하게 발견했을 때 에니어그램이 어떤 놀라운 경험들을 탐구자에게 작용하기 때문이다.

---

*『에니어그램 — 내안의 보물찾기』(김영운) 38-46쪽에서 발췌.

다음은 아홉 가지 성격 유형의 특성이다. 다음을 읽고 자기에게 해당된다고 여기는 것에 ○표 하라. 총 99가지 문항 중 가장 많은 번호에 ○표 한 것이 자신의 성격유형일 가능성이 크다.

1번 유형(   )

- 나는 이상주의자이다. 원칙이 서면 결코 타협하지 못한다.
- 나는 내가 대부분의 사람들보다 더 높은 기준을 가지고 산다는 것을 안다.
- 나는 뭐든지 완전해야 마음이 편하다.
- 나는 완벽하고 깔끔하게 일처리를 한다.
- 세상은 불완전하다. 그렇다고 체념하며 살 수는 없다고 생각한다.
- 나는 주변의 상황을 향상시킬 사명이 나에게 있다고 믿는다.
- 언제 어디서나 잘못된 것은 바로 잡아야 한다고 생각한다.
- 나는 화가 나도 애써 참으려고 한다.
- 하지만 참고 참다가 화를 폭발한다.
- 나는 어렸을 때 나이에 비해 책임감이 강하고 심부름을 잘한다는 말을 듣곤 했다.
- 누구도 완전할 수는 없다. 완벽하기보다는 성숙을 지향한다면 아무래도 내 마음이 편해지고 남도 편하게 대할 것이다.

2번 유형(   )

- 나는 나 자신의 일보다 다른 사람의 일을 더 잘 돌본다.
- 나는 남들이 나를 필요로 할 때 내 자신이 가치 있게 여겨진다.
- 나는 어려움에 처한 사람을 보면 어떻게든 도와야 직성이 풀린다.
- 내 몸이 힘들어도 남을 돕는 일이 우선이다.
- 나는 사람들에게 필요한 것을 주고 도움을 줄 때 행복하다.
- 나는 사람들의 기대를 채워 주고 싶어 한다. 나의 목표는 남을 기쁘게 하는 것이다.
- 남을 위하여 희생하는 내가 자랑스럽다.
- 내가 남을 도와준 것을 이야기하지 않으려고 하지만 잘 안 된다.
- 나는 내가 한 일을 사람들에게 있는 그대로 다 이야기한다.
- 나는 어렸을 때 또래 친구들이나 동생들이 뭘 필요로 하는지 잘 알아차려서 늘 돌보아주곤 했다.
- 나는 내 것을 잘 나누어주거나 잘 돕는다. 내가 받은 은총을 그들과 함께 나누는 것이라고 생각하면 겸손해질 것이다.

3번 유형(   )

- 내가 하는 일에 최고가 되는 것이 나에게는 매우 중요하다.
- 나는 목표 지향적이다. 나는 성공하는 법을 안다.
- 무엇을 하든 능률적으로 해야 한다. 그래야 성공한다.

- 누군가로부터 인정받고 칭찬받으면 나는 더 잘 할 수 있다.
- 나는 어떻게 해야 사람들에게 좋은 인상을 주는지 잘 안다.
- 나는 성공을 위해서 치밀하게 계획을 세우고 실행한다.
- 나는 뭐든지 지지 않으려고 애쓴다.
- 나는 다른 사람들보다 앞서야 직성이 풀린다.
- 나는 실패를 정말 싫어한다. 실패해도 괜찮다고 마음먹으려고 하지만 잘 안 된다.
- 나는 어렸을 때 무슨 일에서든 일등이어야 하고 최고가 되어야 했다.
- 능률을 앞세우고 성공만 바랄 것이 아니라 하나님의 뜻에 맡길 때 결과보다는 과정에 충실해지는 신실한 사람이 될 것이다.

4번 유형(   )

- 나는 다른 사람들보다 더 강하고 깊은 감성의 세계 속에서 산다고 믿는다.
- 나는 개성이 강하고 낭만적이다.
- 나는 시적이고 예술적인 성향이 있다.
- 나는 무엇이 진정한 것이냐를 늘 먼저 생각한다.
- 내게는 우아함과 아름다움이 필요하다. 추한 것은 고통스럽다.
- 나는 옷을 입거나 행동하는 것으로 다른 사람들과 차별화되고

싶다.
- 나는 평범한 것이 아주 싫다. 다른 사람들이 하는 대로 똑같이 따라 하고 싶지 않다.
- 나는 남들이 갖고 있지 않는 나만의 독특한 것을 추구한다.
- 내게 없는 것이 남에게서 발견되면 견디기 힘들다.
- 나는 어렸을 때 혼자 있기를 잘하고 공상을 많이 했다.
- 진짜냐, 가짜냐를 따지며 홀로 진짜를 추구하기보다는 하나님과 일치하려고 마음먹을 때 침착해질 것이다.

5번 유형(   )

- 나는 깊이 있는 사상을 탐색하고, 추상적인 것을 즐겨 다룬다.
- 지식과 정보는 무엇보다도 중요하다.
- 나에게는 아는 것이 힘이다. 나는 항상 나의 지식에 의존한다.
- 나는 내가 속한 환경을 잘 이해하고자 관찰한다.
- 나는 주위에 있는 모든 것을 관찰하면서도 남의 눈에 띄는 것은 그리 달가워하지 않는다.
- 문제가 생겨도 나는 한 발짝 떨어져서 객관적이고자 애쓴다.
- 나는 남에게 내가 가진 지식이나 정보를 나눠주면 내가 가진 것이 없어진다고 여겨진다.
- 나는 머리나 주머니나 뭐든 텅 비는 것이 싫다. 공허한 것은 정

말 싫다.
- 나는 생각이 많다. 모르는 것을 있으면 분석하느라 머리가 복잡해진다.
- 나는 어렸을 때 어른이나 형, 누나 같은 윗사람에게 질문이 많았다.
- 나는 지식과 정보를 얻으려고 많은 시간을 보낸다. 알려고 애쓰기보다는 섭리를 받아들이고 모든 것을 맡길 때 초연해질 것이다.

6번 유형(   )

- 나는 안전하다고 느끼는 것이 중요하다. 내 미래를 미리 알 수 있으면 좋겠다.
- 안전이 제일이다. 그래서 만일을 대비해 미리 철저하게 준비한다.
- 나는 내 주위에서 무슨 일이 일어나고 있는지를 모르면 편안히 지내기가 어렵다.
- 나는 위험한 상황이 닥치지 않을까 신경을 곤두세운다. 그러나 너무 조심만 하고 지낼 수는 없는 일이다.
- 나는 질서나 규칙 같은 것이 없으면 마음이 불안하다.
- 나는 질서나 규칙을 잘 지킨다.
- 내가 질서나 명령을 잘 지키는 건 버림받을까봐 두려워하는 마음이 있기 때문이다.

- 나는 늘 충실하면서도 회의적이다.
- 나는 칭찬을 들으면 불편하고 부담스럽게 느껴진다.
- 나는 어렸을 때 아버지 같은 어른의 말씀을 잘 듣고 성실했지만 어른이 옆에 없으면 마음이 불안하여 견디기 어려웠다.
- 사람에게 복종하고 질서를 지키는 것을 통하여 안전을 보장받으려 하기보다는 하나님을 의지하고 살겠다고 결정할 때 진정한 용기가 생길 것이다.

7번 유형(   )

- 나는 다재다능하고 활기차게 살아간다.
- 나는 이것저것 해보고 싶은 것이 많다.
- 나는 여러 가지 일을 한꺼번에 처리하는 경향이 있다.
- 나는 여러 가지 선택의 가능성이 있는 것이 좋다. 그러면 어려움을 이기기가 쉽다.
- 나에겐 하고 싶은 일들을 다 할 수 있는 충분한 시간이 없다.
- 나는 부정적으로 생각하기가 싫다. 비관주의자는 정말 되고 싶지 않다.
- 나는 몸이든 마음이든 고통스러운 상태를 견디지 못한다.
- 나는 고통을 싫어하기 때문에 늘 어딘가에 푹 빠져있어야 한다.
- 나는 꿈꾸는 것을 좋아하는 이상주의자다. 이상과 꿈이 무엇보

다 중요하다.
- 나는 어렸을 때 말을 잘하고 활동적이며 상상을 잘하고 사람들이 재미있어 했다.
- 만족을 얻기 위하여 꿈을 꾸며 이상을 찾기보다는 창조에 동참하려 할 때 맑은 정신을 갖게 될 것이다.

8번 유형(　　　)
- 나는 정의에 대하여 강한 신념이 있다.
- 나는 직선적인 표현을 잘 한다. 내 뜻을 있는 그대로 피력할 때가 많다.
- 나는 누군가에게 반대하거나 누군가와 대결하는 것이 별로 거북하지 않다.
- 나는 누구든지 나에게 이래라 저래라 하지 못하게 한다.
- 나에게는 내 마음대로 하고 싶은 욕심이 있다.
- 나는 남에게 약하게 보이기가 싫다.
- 나는 강자로서 무엇이든 정복해야 한다. 연애도 정복의 개념으로 생각한다.
- 나는 언제나 강자가 되기 위해 대결을 잘 한다.
- 사람들은 나에게 강해 보이는 보스형이라고 말한다. 그러나 속마음은 여리다.

- 나는 어렸을 때 독립심이 강하고 또래들 가운데서도 통솔이나 명령을 잘하였다.
- 이기는 것만 생각하고 정의를 앞세워 대결하기보다는 약자에게 뜨거운 동정심을 가질 때 소박하고 소탈한 지도자가 될 것이다.

9번 유형(   )

- 나는 대부분의 사람들을 편견 없이 잘 받아들인다.
- 다른 사람들은 나를 늘 마음 편하게 여긴다.
- 나는 사람들이 왜 잘 지내지 못하는지 이해하지 못하겠다.
- 나는 사람들이 서로 부딪히거나 갈등하는 것이 싫다.
- 나는 사람들 간의 갈등 해소를 위해 노력한다. 그래서 중재를 잘한다.
- 나는 태평하다는 소리를 자주 듣는다. 나는 사람들이 무엇 때문에 서두르는지 이해할 수가 없다.
- 문제는 그대로 놓아두어도 저절로 풀리게 마련이라고 믿는다.
- 나에게 갈등이나 어려운 문제가 생기면 저절로 해결되기를 기다리거나 다른 사람들에 의해 해결되기를 기다린다.
- 나는 아무 것도 아니고 잘하는 것이 별로 없다고 생각한다. 그러나 꼭 그렇다고 생각하는 것도 아니다.
- 나는 어렸을 때 착하고 말썽을 일으키지 않았다. 그래서 사람들

의 눈에 잘 띄지 않았다.

- 스스로를 아무 것도 아니라고 깎아 내리던 것에서 벗어나, 무조건적인 사랑을 믿고 의지할 때 부지런하고 적극적인 사람이 될 것이다.

나의 체크리스트

1번 유형(   )   2번 유형(   )   3번 유형(   )

4번 유형(   )   5번 유형(   )   6번 유형(   )

7번 유형(   )   8번 유형(   )   9번 유형(   )

2부
에니어그램
유형별 특성과 나의 기도

Enneagram

1번 유형: 개혁형 6번 유형: 수호형
2번 유형: 봉사형 7번 유형: 이상형
3번 유형: 성공형 8번 유형: 대결형
4번 유형: 개인형 9번 유형: 보존형
5번 유형: 관찰형

기독교인들이 쓴 에니어그램

* **어휘 설명**: 유형별 '개괄적 소개'에 나오는 용어에 대한 설명

· **격정**: 단점, 죄라고도 함. 자기도 모르게 실수를 반복하게 하는 파괴적인 힘. 위기에 몰렸을 때 자기도 모르게 튀어나오는 행동의 원동력.
· **기피**: 존재 가치가 없어질까 봐 두려워 피하고 싶은 것, 자기도 모르게 어떤 것을 하지 않으려는 무의식적 현상.
· **함정**: 지나치게 추구하다가 걸려 넘어지는 것, 지나치게 몰두하는 것.
· **회개**: 변화를 위해 받아들여야하는 과정. 변화를 위한 통로.
· **덕목**: 장점, 창조적인 힘. 가장 건강할 때, 영성이 높을 때 드러나는 모습.

1번 유형: 개혁형

1. 개혁형의 개괄적 소개

특성 완전주의자 - 온화한 개혁가

격정 분노

남에게 비난받는 것을 두려워하고, 완전주의를 지향한다. 그러다 보니, 자기 자신이 실수하거나 다른 사람이 불의를 저지르는 것을 보면 참을 수가 없게 된다. 불완전하다고 생각되기 때문이다. 속에서부터 화가 일어나고 그것을 고치기 위해서 말을 하다 보니 다른 사람들에게서는 지적을 많이 한다는 말을 듣게 된다.

기피 분노

완전함을 추구하지만 결점이 보이게 되면 속에서부터

화가 난다. 그러나 겉으로 화를 내지 않으려고 참게 된다. 그렇지만 얼굴에는 불편함이 드러나기에 다른 사람들 눈에는 화가 난 것으로 보인다. 그래서 1번의 표정에서는 늘 긴장감이 서려 있다.

함정 완전

'욕먹을까 봐'(비난받을까 봐)라는 기본적인 공포가 있다. 스스로에게 잘해야 한다는 다짐을 늘 하게 된다. 자신의 높은 이상향을 따라가다 보면 완전해야 한다는 함정에 빠지게 된다.

회개 성숙

인간은 그 누구도 완전하지 못하고 하나님밖에는 완전할 수가 없다. 나 자신뿐 아니라 다른 사람들에게도 완벽을 요구한다는 것 자체가 미성숙한 상태인 것을 인정하고, 자신의 성숙하지 못함을 회개한다. 그러면 이전보다 조금 더 나아진 모습을 보게 되며 하나님의 뜻을 깊이 확인하게 된다.

덕목 평정

분노의 격정에 쌓여 있을 때는 열을 확 받지만 격정을 사로잡으면 평정의 덕목이 살아나는데, 그러면 내면 깊은 곳에서부터 하나님의 온전함을 받아들이게 되고 모든 대상을 있는 그대로 수용하게 된다. 그리스도로 충만하게 되어 온화하고 너그러운 모습으로 정의와 평등을 추구해 나간다.

대표적 성서인물 모세, 세례 요한, 바울

일반적으로 흔히 볼 수 있는 1번은 점잖고, 잘 웃지 않는다. 이들은 겉으로 화를 '팍' 내기도 하지만 대개 화를 참으며 자기도 모르게 얼굴에 긴장감이 나타나게 된다. 이럴 때 자기는 화를 안 냈다고 하지만 다른 사람들은 그가 못마땅해 하는 것을 알아차리게 된다. 성숙할 때는 그렇지 않지만 대체로 1번 옆에는 다가가기 어렵다고 한다. 자기 앞에서 잘못된 것이 나타나면 자기도 모르게 자동적으로 거기에 대해서 지적을 하기 때문이다. 예를 들면 청소나 정리 정돈이 잘되어져 있지 않을 때나 법을 위반하는 사람을 볼 때, 자기가 그것을 고쳐 주어야 한다는 생각이 늘 있다. 그러나 남이 자기에게 지적을 하면 그것을 받아들이기가 심히 어렵다. 시간을 잘 지키는 1번 유형의 한 사람이 어느 날 지각을 하였는데 이유를 알고 보니 출근을 하다가 교통법규를 위반한 버스 기사를 당국에 신고하고 오느라고 늦었다고 한다.

1번에게서 "아~ 내가 그랬나요?"라는 말이 나오면 그는 성숙으로 가는 사람이라고 볼 수 있다.

2. 온유와 지혜를 향하여[*]

성경 분별력을 간직하고, 네 입술로 지식을 굳게 지키라(잠언 5:2).
찬송가 312장. 너 하나님께 이끌리어
말씀 나눔 분별력과 화내는 것과의 관계에 대해서 말씀해 보십시오.

완전주의자 특성을 가진 필자가 초등학교 1학년 때 경험했던 일이다. 입학한 지 얼마 되지 않았을 때 복도에 '올바른 젓가락 사용법' 그림이 붙어 있는 것을 보았다. 그런데 이게 웬일인가? 내가 여태껏 사용했던 방법이 틀렸던 것이다. 나는 한동안 꼼짝 않고 그 자리에 서서 그림을 뚫어져라 바라보며 '올바른' 방법을 외웠다. 그리고 그날 저녁상에서 낮에 익힌 대로 시도해 보았고 제대로 할 수 있었다. 빙고! 이렇듯 나는 무언가 옳은 방법을 배우면 그대로 따르고 원칙이나 규율을 잘 지킨다. 그렇기 때문에 나에겐 지극히 당연한 일들, 즉 휴지 함부로 버리지 않기, 침이나 껌 뱉지 않기, 분리수거 등 기초적인 공중도덕

---

[*] 글쓴이: 최경원(공동체문화원 리더십팀장)

이나 사회적 규범이 제대로 지켜지지 않을 때 화가 나고 그릇된 행동을 한 사람들이 도무지 이해가 되지 않는다.

일반적으로 분별력을 중요시하는 1번에게는 청결, 정리 정돈 그리고 절약은 아주 중요한 이슈다. 나는 위생에 신경을 많이 쓰며, 물건들이 제 자리에 가지런히 정리된 상태를 즐기고 자원이나 물자를 낭비하지 않는 것이 도리라고 믿는다. 그렇기 때문에 지저분하고 흩트려져 있는 물건이나 공간과 마주하거나 에너지와 물자를 아끼지 않는 사람들을 보면 '이건 아닌데…' 하며 짜증이 올라오며 가르치고 싶은 마음이 생긴다. 73억 인구를 내가 다 교정할 수 없으니 밖에서는 슬쩍 바로잡거나 그런대로 참는 편이지만, 가족들에겐 불편함을 드러내고 지적을 해 주곤 한다. 1번의 격정인 분노가 일상에서 종종 드러나는 경우이다.

예전엔 상상할 수도 없었지만 언제부터인가 가끔은 남편이 설거지를 해 놓는다. 그런데 상태가 불량하다. 꼼꼼하게 깨끗이 하지 않고 설렁설렁하기에 얼룩져 있고 고춧가루 등도 묻어 있다. 나는 "이왕하려면 잘 해야지 이게 뭐냐" 하며 타박을 하고 문제의 그릇은 다시 씻는다. 설거지를 도와준 것 자체를 고마워하고 주님께서 명하신 대로 입술을 굳게 지키면서 슬쩍 넘어갈 수는 없는 일인가? 솔직히 1번인 내겐 상당히 어려운 일이

긴 하다. 그러나 성숙한 사람이라면 완전함보다는 상대방과의 관계가 깨지지 않는 것을 더 중요하게 여길 것이다. 주여, 내게 온유한 마음을 허락하소서!

　1번들은 분노를 기피한다고 한다. 화를 내는 것 자체가 완전한 것이 아니기 때문이라고 설명되어 있다. 에니어그램을 꽤 오래 공부해 왔지만 아직도 이 해설은 100%와 닿지 않는다. 뭘 말하는지 감은 오는데 전적으로 동의가 되질 않는다는 말이다. 1번들은 마음에 들지 않은 상황에서 화를 내놓고 나중에 '내가 좀 참을 걸 그랬나~' 하며 후회 내지는 자책을 하는 경향이 있다. 나로서는 화를 낸 것이 완전하지 못해서라기보다는 좀 더 너그럽지 못했음에 대한 반성인 것 같다.

　"미련한 자는 당장 분노를 나타내거니와 슬기로운 자는 수욕을 참느니라"(잠 12:16), "노하기를 더디 하는 것이 사람의 슬기요 허물을 용서하는 것이 자기의 영광이니라"(잠 19:11) 등 잠언에는 화를 내는 것과 참는 것에 대한 가르침이 여러 번 나온다. 우리 1번들은 이 말씀들을 마음에 새기고 수련에 힘써야겠다. 평소에 관계 속에서 살짝 긴장감을 불러오거나 부담을 줄 때가 있는데, 대개 정확하지 않은 것에 대해 콕 짚어 주거나 일이 제대로 처리되고 있지 않을 때 앞에 나서서 본을 보이며 시정을 할 때 그렇다. 상황에 따른 분별력을 갖고 그냥 보아 넘기거나 부드러운 태도로 임할 일이다.

실제로 수련을 해 나감에 따라 요즘에는 그냥 넘어가는 경우도 꽤 있고, 말을 하더라도 부드럽게 하거나 여지를 남겨 놓는 것을 익혀가고 있다. 이런 방식으로 1번의 함정인 '완전'을 극복해 나가고 있다고 말할 수 있겠다. 학창시절 피아노를 전공했던 나는 의무적으로 하는 음악회나 시험을 제외하곤 남 앞에서 연주를 거의 하지 않았다. 충분히 마스터 되지 않은 상태를 드러내는 것이 내키지 않았던 것이다. 이 점은 매사에 완전을 기하는 성향과 '비난받을까 봐' 염려하는 기본적 공포가 맞물려 기인한 것 같다. 현시점에서도 이 점을 다 극복했다고 말할 수는 없겠지만 그 시절보다 유연해진 것은 사실이다. 끝까지 빼며 사람들의 흥을 끊어지게 했던 것에서 벗어나, 이제는 여흥 시간을 가질 때 처음부터 나서지는 않지만 그래도 순서가 되면 나름대로 실력을 발휘하곤 한다.

에니어그램을 깊이 연구하신 고 김영운 목사는 성서의 인물 중 모세, 세례요한, 사도바울을 1번으로 분류해 놓았다. 이들 모두 빼어난 지도자였지만 분노의 격정에 휘말리고 완전의 함정에 빠지기도 했다. 이들은 명철한 분별력과 정의감이 있었지만, 성격의 틀에 갇혀 성숙하지 못하고 통합되지 못했을 때에는 사람들과 부딪치며 모진 상황에 처하기도 했다. 그러나 주안에서 변화와 성숙을 이루고 정의와 사랑이 조화를 이루었을 때는 전혀 다른 면모를 보여주었다.

오직 주님 한 분만이 완전하시므로 나 자신과 남들에게 완전을 기대했던 것이 미성숙한 것임을 깨닫고 나의 판단과 기준과 방법만을 고집하지 않으니 삶이 한결 편안해졌고 깐깐한 캐릭터에서 벗어나 재미있고 귀엽다는 소리도 종종 듣는다. 할렐루야! 에니어그램을 공부하기 전에는 듣기 어려웠던 말이다.

이렇듯 나를 객관화시켜서 바라보며 나의 개성을 내려놓고 주님께서 허락하신 본성을 향해 나아갈 때 1번의 덕목인 평정 즉, 평화와 안정에 이르는 것 같다. 그리하여 온화한 행동과 더불어 입술로도 지혜를 말하는 사람이 되어야겠다.

기도 사랑과 은혜의 하나님, 공동체문화원을 허락하시여 주님의 말씀을 함께 공부하며 그 가르침을 실천하려고 애쓰고 있습니다. 특별히 저희는 에니어그램 이론을 기독교 영성과 접목하여 각자의 격정을 바라보며 함정에 빠지지 않고 주님께서 부여하신 덕목에 이르려고 수련하고 있습니다. 이 어찌 주님의 은혜가 아닐 수 있겠습니까? 감사드립니다. 귀한 공동체 식구들과 더불어 좋은 시간과 경험을 나누지만 때론 불편하고 버겁기도 합니다. 그러나 이 모든 것이 주님의 뜻과 보살피심 아래 있다고 믿사오니 더욱 정진하게 이끌어주시기를 간절히 바랍니다. 그리하여 더욱 성숙해지고 다른 사람들에게도 이 귀한 지식과 사랑을 나누게 하옵소서. 예수님의 이름으로 기도드립니다. 아멘.

2번 유형: 봉사형

1. 봉사형의 개괄적 소개

특성 협조자 – 겸손한 봉사자

격정 교만

다른 사람의 필요를 발견하고 도와주면서 자신이 한 일에 대해 자랑한다. 자기는 늘 다른 사람을 도우면서 산다고 우월감을 느끼며, 그것을 과시하면서 교만한 마음을 가지게 된다.

기피 필요

자부심이 강하여 자신의 필요나 욕구를 인정하지 않는다. 자신에게도 필요한 것이 있다는 것을 받아들이면 스스로 위축되기 때문에 마치 그런 것은 없는 듯이 자신의 필요를 기피한다. 그렇기에 자기는 다른 사람을 도와주면서도 자신은 다른 사람의 도움을 받지 않으려고 한다.

함정 봉사

사랑받지 못할까봐 두려워서 지나치게 선의적인 사람이 된다. 다른 사람을 도와주지 않고 가만히 있으면 사랑받지 못한다고 생각하기에 봉사라는 함정에 빠지게 된다. 다른 사람이 자기의 봉사에 반응을 하지 않으면 자기의 몸이 탈이 나도록 더욱 맹렬히 봉사를 한다.

회개 은총

자기가 하는 모든 나눔과 사랑은 자기 스스로의 능력으로 하는 것이 아니라 하나님으로부터 받은 은총으로 할 수 있다는 것을 깨달아야 한다. 자존심과 우월감에서 벗어나, 받은 은총을 함께 나눈다는 자세로 봉사해야 한결같은 사랑을 나눌 수 있게 된다.

덕목 겸손

자신이 한 일에 대해 자랑하지 않고 감사한 마음으로 임할 때 사심 없는 봉사를 할 수 있다. 남을 돌보든 안 돌보든 자신은 사랑받을 존재이고, 자신에게도 필요한 것이 있고, 욕구도 있다는 것을 편안하게 받아들이는 따뜻하고 겸손한 사람이 된다.

대표적 성서인물 나오미의 며느리 룻, 막달라 마리아, 사도 요한

대체로 2번은 사랑이 많고 다른 사람의 아픔을 보면 자기 스스로 찾아가서 위로해 준다. 자기가 피곤할지라도 다른 사람이 도움이 필요한 것 같으면 자기의 피곤함을 참으면서 그를 먼저 도와주는 사람이다. 다른 사람이 무엇을 요구해오면 거절하지 못한다. 겉으로 보기에는 성자같이 보이기도 하는데 건강하지 못하거나 보통 수준 2번들의 깊은 마음속에는 '내가 이렇게 해 주면 사람들이 나를 좋아해 주겠지…'라는 보상심리가 깔려 있다고 한다. 2번과 친한 사람들이 공통적으로 하는 이야기가 있는데, "온종일 같이 있으면서 나에게 정말 잘해주었는데 헤어질 때는 뭔가 기분이 안 좋은데 이게 뭘까요?"라는 것이다. 2번이 겉으로는 말을 하지 않지만 속으로 교만한 마음을 가지고 있으면 옆의 사람이 알아차리기 때문이다. 이들이 건강해지면 사랑받으려는 바람 없이 진정으로 봉사하는 사람이 된다.

2. 진정한 겸손은 어디서 오는가[*]

성경   어리석은 자들아 너희는 명철할지니라. 미련한 자들아 너희는 마음이 밝을지니라(잠언 8:5).
(You who are simple, gain prudence; you who are foolish, gain understanding).

찬송   212장. 겸손히 주를 섬길 때

말씀 나눔   마음속에서 일어나는 교만을 열거해 보십시오.

잠언에서는 어리석은 자와 지혜로운 자를 대비해서 우리에게 말씀하고 있다. 5절에 나오는 어리석은 자를 영어 성경(NIV)에서 보면 simple한 사람, 즉 'simple-minded'라고 말하는데 부정적으로 보면 머리가 둔하고 단세포적인 사람이라는 표현이다. 2번의 '기피'는 자부심이 강하여 자기의 필요나 욕구를 인정하지 않는다. 그런 사람이 곧 어리석은 사람이다. 'Simple-minded'한 사람이 단세포적으로 자기의 필요를 보지 못하는 것이다. "네 이웃을 네 몸과 같이 사랑하라"라는 주님의 말씀을 경시하는 것이 된다. 사랑받기 위해 그는 과도하게

---

[*] 글쓴이: 이애영(공동체문화원 재무담당)

봉사라는 함정에 빠져 말씀의 균형을 잃어버릴 수 있다. 2번 유형의 사람이 말로는 하나님의 말씀을 듣고 있고 열심히 봉사하며 사는 것 같지만 세밀하게 말씀을 비추어보지 않으면 가장 불쌍한 착각에 빠질 수 있다. 그런 어리석은 자들에게 하나님은 명철을 얻으라고 말씀하고 있다. 한국어 성경에는 그저 명철이라고 되어 있지만 영어 성경에는 'prudence'라고 되어 있다. 그 뜻은 '신중, 사려, 분별, 빈틈없음, 조심'이다. 미련한 자도 마음이 밝으라고 말하고 있는데, 이들도 역시 명철을 얻으라고 말씀하고 있다. 이 '명철'은 하나님의 말씀에 귀를 기울일 때 얻을 수 있다고 말한다. 명철은 신중하고 사리에 밝아 사물의 옳고 그른 것을 분별할 수 있는 능력을 말한다. 하나님의 말씀에 집중할 때 우리는 하나님께 민감해지며, 하나님의 지혜로 모든 일들을 할 수 있다.

누가복음 10:38-42(마르다와 마리아 이야기)

이 말씀을 묵상해보았다. 예수님과 제자들이 길을 가다가 한 촌에 들어갈 때 마르다라 하는 여인이 예수님을 자기 집에 모셔 들였다. 그때 마르다는 2번의 감각으로 그들의 필요가 뭔지를 알아차린다. 그래서 접대하는 일로 분주하고 마음이 바빠

졌다. 마르다는 자기의 필요는 접어 두고 주님도 자기가 무언가를 드려야 하는 대상으로 바라보았다. 동생인 마리아는 예수님의 발치에 앉아서 말씀을 듣고 있었지만 그녀는 주님을 대접하는 데에만 그의 마음이 가 있었다. 그래서 마음이 급해진 그녀는 예수님께 다가가 "주님, 내 동생이 나 혼자 일하게 두는 것을 생각지 아니하십니까? 그를 명하사 나를 도와주라 하소서"라고 말한다. 마르다는 질투심으로 자기가 하고 있는 일에 대한 자랑(그것이 곧 걱정이다)과 투정을 주님께 쏟아냈다. 주님께조차 자기가 조정하고 통제하려는 교만한 모습을 나타낸다. 그런 마르다에게 주님은 "네가 많은 것으로 염려하고 근심하나 필요한 일은 오직 하나, 마리아가 더 좋은 것을 택하였으니 빼앗기지 않을 것이다"라고 하셨다. 마르다에게 필요한 것은 자기가 뭘 해서 주님의 사랑을 받는 것이 아니라 그분의 발아래서 말씀을 듣는 것이었다. 마르다와 마리아의 태도에서도 지혜로운 자와 어리석은 자가 누구인지를 잘 알 수 있다.

이어서 잠언 8장 13절과 연결하여 "여호와를 경외하는 것은 악을 미워하는 것이라. 나는 교만과 거만과 악한 행실과 패역한 입을 미워하느니라" 여호와를 경외하는 것은 교만, 거만, 악한 행실, 패역한 입을 미워하는 것, 곧 겸손함이다. 내가 뭘가 주님을 위해 해야 하는 것이 아니라 예수님의 발아래서 그분의 말씀을 듣는 것이다. 그래서 자기가 누구인지 깨닫는 것이다. 그리고 순종하면서 나아가는 것이다.

이제 내 이야기를 하려고 한다. 나 역시 2번으로서 내 필요를 전혀 인정하지 못하고 기피하였다. 그냥 누군가가 도움을 요청하면, 아니 도움이 필요할 것 같은 사람을 보면 기꺼이 돕고, 그를 위해 모든 것을 주는 것이 좋다고만 생각되어 내가 힘든 것은 제쳐 두고 타인 중심으로 살아왔다. 그러면서 마르다처럼 자기의 공적을 은근히 알아주기를 바라며 자랑하고, 심지어는 "내가 너에게 어떻게 했는데…" 하며 섭섭함을 드러내곤 하였다.

또 내가 빠진 딜레마는 '주님을 위해 무엇을 할 수 있을까, 무엇을 해야 주님이 기뻐하실까'를 항상 생각하는 것이었다. 그것 때문에 기도도 하고 고민했으며, 그러지 못하는 나 자신에 대한 열등감이 있었다.

이것은 굉장히 신앙심이 깊은 것처럼 보일 수 있다. 그런데 아니다. 그것은 2번의 교만한 모습이었다. 나는 주님을 위해 무엇을 할 수 있는 존재가 아니다. 주님을 위한다는 그 발상 자체가 교만을 드러낸 것이다.

여러분의 자녀가 사랑받을 무엇인가를 하기 때문에 사랑하나요? 자녀라는 그 존재 자체만으로도 충분히 사랑을 받을 자격이 있는 거 아닌가요? 주님은 우리 존재 자체를 사랑하시고 우리를 위해 십자가에서 돌아가셨다. 그런데 나는 성경의 진리를 안다고 생각했지만 깨닫지 못했던 것이다. 늘 '주님을 위해 많은 봉사를 해야 사랑을 받지' 하는 생각으로 주님을 오해하면서 수많은 시간을 보냈다. 그런데 '봉사'라는 함정 때문에 주님을 마음대로 조정하고 통제해왔고, 얼마나 교만한 걸음으로 다른 이들을 괴롭게 하고 판단했는지 되돌아보며 통회한다. 에니어그램 영성 수련을 하면서 이제 주님을 위해 봉사하겠다는 생각을 내려놓았다. 봉사하는 것이 나쁘다는 것이 아니다. 사심 없는 봉사는 거룩하다. 그 수준까지 자라가기를 소망하며 기대한다. 그리고 주님이 말씀하신 것처럼 오직 한 가지, 마리아가 택한 더 좋은 것을 택하려고 노력하려고 한다. 주님의 말씀에 민감해지기 위해 주님 발치에 앉아, 다른 이들을 보는 것이 아니라 주님 안에서 나를 보려고 한다. 더 나아가 주님께서 내게 보여주시고, 하라고 하신 일에 겸손한 마음으로 은혜를 구하면서 나아가려 한다.

기도 주님, 오늘도 감사합니다. 잠언의 말씀을 통해 지혜로운 자들, 그리고 어리석은 자들을 보게 하시니 감사합니다. 참 지혜는 하나님의 말씀으로 말미암는 줄 압니다. 이 말씀을 알면서도 걱정 때문에 제 소견대로 하나님을 조정하고 통제했음을, 스스로 지혜 있는 체, 신실한 체했음을 용서하소서. 주님이 가장 싫어하시는 교만함에 젖어 있는 저를 불쌍히 여기소서. 이제 주님의 은혜만을 구하오니 말씀하소서. 주님 발 앞에 엎드려 낮음을 구하나이다. 아버지 앞에 가는 날 동안, 아니 영원히 겸손하게 낮은 자세로 살게 하소서 예수님의 이름으로 기도드립니다. 아멘.

3번 유형: 성공형

1. 성공형의 개괄적 소개

특성 지위 추구 – 신실한 성취자

격정 기만

성공과 성취를 삶의 모토로 삼는다. 성공하기 위해서는 경쟁을 하지 않을 수가 없다. 이들이 성공하려는 강박감에 쌓이게 되면 기만하는 마음이 생긴다. 자기도 속이고 남도 속이는 격정에 사로잡히게 된다.

기피 실패

배척당하는 것을 두려워하는 이들은 배척당하지 않기 위해서 남에게 인정받고 칭찬받으려고 한다. 성공해야 인정받는다고 생각하기에 실패를 기피하게 된다.

함정 능률

성공 지향적이고 목표 지향적이기 때문에 능률을 중요하게 생각한다. 무슨 일이든지 능률이 오르지 않으면 힘들어한다. 누구에게도 뒤떨어져서는 안 된다는 강박 관념 때문에 능률이라는 함정에 빠지게 된다.

회개 하나님의 뜻

실패할 수도 있다는 것을 인정하면서 자신의 한계를 받아들인다. 모든 것을 하나님의 뜻으로 계획하지 않았고 자기의 뜻대로 하였음을 진심으로 회개해야 한다. 그러면 꼭 성공하지 않았어도, 하나님께서 허락하신 존재 그 자체로 가치가 있음을 깨닫게 된다. 자신의 존재 안에서 기쁨을 찾고 자신을 개발하게 되면 다른 사람에게 본보기가 된다.

덕목 신실

자기 뜻이 아닌 하늘의 뜻으로 목표 설정을 분명히 하게 되면 신실해진다. 신실이라는 덕목을 갖추면 결과에 대한 집착으로부터 자유로워지고, 하나님께 전적으로 의지하게 되며, 과정에 충실하면서 성실함을 갖춘 능력 있는 사람이 된다.

대표적 성서 인물　야곱, 사무엘, 가롯 유다

　3번은 능률을 올려야만 성공을 했다는 행복감을 느낀다. 그래서 무엇을 시키면 그것을 금방 처리해낸다. 화가 나는 일이 있어도 자기의 감정을 감추면서 어떤 일을 성취해 낸다. 자기의 체면, 이미지가 좋은 사람으로 비춰지기를 원하기 때문이다. 3번은 "나중에 내가 선물해줄게"라는 약속을 잘한다. 그러나 그 약속은 잘 지켜지지 않는다. 그것은 이미 처음 약속을 할 때 나의 일을 이루기 위해서 약속을 하는 것이지, 그 약속을 지키는 것이 중요한 것이 아닌 것이다. 성공에 집착하게 되면 수단 방법을 가리지 않는 사람이 되기도 한다. 늘 자기가 다른 사람 앞에서 튀기를 원하는 마음이 있고 자기도 잘 느끼지 못하는 기만을 항상 달고 산다. 그래서 3번은 신실한 삶을 살기 위해서 노력해야 하고 결과보다 과정을 중요하게 생각해야 한다. 그러면 이들은 다른 사람들에게 동기를 부여하고 사회적, 문화적 귀감이 된다.

2. 나의 방패가 되시는 주님*

성경 그는 정직한 자를 위하여 완전한 지혜를 예비하시며 행실이 온전한 자에게 방패가 되시나니(잠언 2:7).
찬송 376장. 나그네와 같은 내가
말씀 나눔 기만과 융통성과의 사이를 이야기해 보십시오.

3번인 나의 격정은 기만이다. 잠언 2장 7절의 말씀에서 정직이라는 단어가 마음에 들어온다. "정직한 자를 위하여 완벽한 지혜를 예비하시며"라는 말씀에서 그동안 내 생각과 언행이 정직하지 못했기 때문에 주님께 완전한 지혜를 얻지 못했구나 하는 것을 깨닫는다. 그리고 언제나 능률이라는 함정 때문에 눈에 보기 좋게 적당한 선에서 후다닥 빨리 일 처리를 하거나 기도해 왔다는 생각이 든다.

요즘 나 스스로를 관찰하며 들여다보면 볼수록 그런 모습을 더 의식하게 된다. 그래서 주님 앞에서 나를 더 깊이 있게 정직하게 관찰하며 보고 있자니 내 모습에 지치고 기도하기가 더욱 힘이 든다. 대충 대충하는 것이 습관이 되어 그걸 들여다보고

---
* 글쓴이: 김순희(공동체문화원 회원)

고치는 것이 힘들다는 생각에 기도를 건너뛰거나 핑계 대고 하기 싫어지기까지 한다.

사람들이 많이 모이는 새로운 장소에 가려면 옷차림이나 장신구에 신경을 쓰게 되고 그곳에서 내가 대우받는 정도에 아주 민감하다. 내 특성인 지위 추구에 대한 욕구 때문인 듯하다. 그곳에서의 대우에 만족하면 그 모임에 계속 가지만 그렇지 않다고 생각되면 그 모임을 위해 시간을 내고 가는 열정이 식어 심드렁해져서 가지 않게 된다.

또한 실패를 기피하는 성향 때문인지 맡은 일을 할 때는 자신을 들들 볶다시피 하면서까지 힘에 겹도록 그 일에 필요한 공부나 준비를 하게 된다. 심지어 남편이 하는 일도 옆에서 보고 능률적으로 하지 못한다고 생각될 때는 강한 어조로 질책을 하게 된다. 그래서 남편은 늘 내가 하는 말에 자신이 상처받고 산다며 볼멘소리를 한다. 능률적이지 못해 어리석어 보일까 봐 화내지 않아도 될 상황에 옆 사람에게 화를 내거나 자신을 들볶고 있는 것이 내 함정이라는 걸 늘 한 발짝 늦게 깨닫곤 한다. 어린 시절에는 내 이미지를 꾸미기 위해 불필요한 거짓말도 잘하곤 했지만 주일학교에 다니면서 차츰 거짓말하는 습관을 고쳐나가긴 했는데 요즘에도 무슨 일을 할 때 일을 서둘러 끝내려고 하다가 대충해 버리곤 한다. 유치원 일을 할 때도 행사장 주변을 화려하게 꾸며 시선을 모으거나 분산시키려 한 점이 바로 기만이 아닌가 싶다.

  나의 덕목인 신실함을 이루기 위해서 내가 한 말이나 약속을 지키려고 좀 무리한 일도 해야만 한다고 생각할 때가 있다. 예를 들어 얼마 전 아들을 결혼시키고 고맙다는 인사 전화를 친구들에게 하다가 나도 모르게 뒤풀이 식사 대접을 하겠노라 약속을 해버리고 말았다. 사실 지금 그럴만한 경제적 여유가 없음에도 불구하고 이미 약속을 해버렸으니 내 덕목인 신실함을 지키려면 무리한 지출이 불가피하게 되고 말았다.

  또한 하나님의 뜻을 먼저 생각하기보다는 내 욕심에 더 몰입되어 떼를 쓰듯이 내 생각을 하나님께 우기듯 기도해 왔다는 생각이 든다. 말씀을 읽고 그 말씀을 기초로 기도한다면서도, 기도를 하다 보면 어느덧 내 요구를 하고 있다. 그래서 어느 날인가부터는 내 기도는 접고 다른 사람들을 위한 기도를 하고 있는데 과연 내 기도를 할 때보다 얼마나 진정성 있는 기도를 하는가 하는 의문이 들곤 한다. 그런 생각이 들 때마다 다시 기도 슬럼프에 빠지곤 한다. 그래서 기도가 노동이라고 하나보다. 요즘은 그래서 기도하면서 나와 싸우는 시간이 더 많다.

  매사에 주님께서 보시기에 나 스스로에게, 또 곁에 있는 이들을 위해 최선을 다하며 살다 보면 3번의 덕목인 신실한 사람이 되겠지. 그리고 나의 격정과 함정에 빠지는 것이 싫으니 나와 치열하게 싸워 더욱 건강한 수준으로 가고 싶다. 목표가 생겼으니 이제까지의 내 기만과 능률이라는 함정을 회개하며 열심히 나의 격정과 싸움을 해보련다. 주님께서 매 순간 나의 방패가 되어 주시고 내게 지혜 주시기를 바라며.

기도 저를 사랑해 주시는 주님 제가 어디서 무엇을 하든 제 지위를 올려 주시는 분은 주님이시니 사람들의 대우에 제 기분이 오르내리지 않도록 늘 스스로를 주님 앞에 겸손히 내려놓겠습니다. 어떤 일을 하더라도 실패에 대한 두려움 때문에 전전긍긍하지 않고 늘 주님께서 인도해 주심을 따라 살겠습니다. 실패가 싫어 기만하지 않도록 자신을 경계하게 하시고 능률을 따지다가 제 자신과 곁에 있는 사람에게 상처 주는 언행을 하지 않게 절제의 영을 부어주십시오. 늘 제 뜻보다는 하나님의 뜻을 따라 행동하고 기도하도록 깨어 있게 도와주시고, 매 순간 무엇을 하든지 신실하게 행하기 위해 좀 더 생각하고 말하고 행동하기 원합니다. 유다처럼 기만에 빠져 자기 욕심대로 주님을 떠나는 죄를 짓지 않게 해 주세요. 믿음으로 승리한 야곱과 사무엘의 하나님! 그들과 동행해주신 것처럼 저와 늘 동행해 주시고 지혜 주시며 제 방패가 되어

주세요. 주님께서 늘 저와 함께 해주시고 제 손을 잡아 주신다고 생각하면 정말 행복해집니다. 주님 감사합니다. 예수님의 이름으로 기도드립니다. 아멘~!

3. 하나님의 뜻을 구하는 자[*]

성경 내가 지혜로운 길을 네게 가르쳤으며 정직한 길로 너를 인도하였은즉 다닐 때에 네 걸음이 곤고하지 아니하겠고 달려갈 때에 실족하지 아니하리라(잠언 4:11-12).
찬송 214장. 나 주의 도움 받고자
말씀 나눔 하나님을 전적으로 의지하는 태도는 어떤 것일까요?

정직함에 대한 교훈 중 가장 기억에 남는 것이 솔직하게 잘못을 이야기했을 때는 정직함에 대한 대가로 쉽게 용서받을 수 있다는 것이다. 그래서 정직함이 중요한 덕목임을 일찍이 깨우치지만 실제로 실천하는 것은 매우 어려운 일이다. 만일 가인이 하나님께서 물어보셨을 때 솔직할 때 대답했다면 가인은 어떻게 되었을까? 가인이 솔직하게 자신의 서운함을 말씀드렸다면 살인은 일어나지 않았을 텐데….

특히 성공형으로서 성취를 삶의 모토로 삼으며 칭찬과 인정 받기를 좋아하는 3번은 자신의 단점이나 치부를 감추고 일의 성공을 위해서는 선의의 거짓말쯤은 하나님께서도 용서해 주

---

[*] 글쓴이: 이수인(공동체문화원 회원)

실 것이라고 자신도 속이게 된다.

3번은 어른들에게 야단을 맞거나 꾸지람 듣는 것을 너무 싫어하기 때문에 맡겨진 일을 빈틈없이 하려고 노력하며 자신이 그 일로 고통을 당해도 해냈다는 성취감으로 불평하지 않는다. 그러나 만일 그렇지 못했을 경우에는 좌절하여 도망치거나 일이 실패한 원인을 다른 곳에서 찾아내어 내 탓이 아님을 변명하며 모두를 기만하게 된다.

우리 사회를 1등만을 기억하는 더러운 세상이라고 한다. 모든 것을 순위로 나열하여 발표하고 그것을 즐기므로, 소외되는 사람들을 더욱 비참하게 만든다. '1등을 놓쳐서, 수능을 망쳐서, 사업에 실패해서…' 이러한 상황 때문에 희생되는 사람들은 거리의 노숙자가 되든지 자신의 목숨을 포기하기도 한다. 또한 자신의 실패를 감추기 위해 거짓말에 거짓말을 더하다가 결국에는 사기꾼이 되기도 한다.

만일 이들이 하나님의 뜻임을 깨닫고 주님께 의탁했다면 이들의 삶은 어떻게 되었을까? 하나님은 성경의 많은 인물을 통해 하나님이 기뻐하시는 사람은 낮은 곳에서 하나님을 의지하고 하나님만을 경외하는 사람임을 말씀하신다. 다윗이 골리앗을 이기고, 형을 속이고 장자권을 빼앗은 야곱이 이스라엘이 되고, 강보에 싸여 버려진 모세가 출애굽을 인도하고, 어부 시몬이 예수님의 수제자 베드로가 되며, 그리스도인을 잡으러 가던 사울이 사도바울이 되는 모든 과정을 통하여 하나님께 전적으로 의지할 때 진정한 성취의 기쁨을 맛볼 수 있음을 알 수 있다.

어려서부터 '난 사람'이나 '든 사람'보다 '된 사람'이 되어야 하고 '착한 사람'이 되어야 한다는 교육을 받은 나는 자의식이 형성되기 시작하면서 성취의 목표를 착한 사람, 좋은 사람이 되는 것에 두었다.

학업에서도, 체력에서도, 음악이나 미술에서도 특별하지 않았던 나는 착하고 좋은 사람이 되기 위해 노력했다. 더구나 예수님을 믿는 사람은 남을 도와야 하고 욕심을 부리면 안 되며 항상 양보해야 하는 것이 맞는 것이라고 생각했다. 가족 안에서도 친구 관계에서도 참고 기다리며 욕심이 없는 척, 화나지 않은 척, 서운하지 않은 척하며 살아왔다.

하지만 결혼하고 아이를 키우며 나의 이름이 사라지자 항상 무엇인가 부족함을 느끼게 되었다. 이대로 있으면 안 된다는 생각이 자꾸 들어 성경공부는 물론 그림도 그리고, 컴퓨터, 에어로빅, 수영, 테니스, 골프도 배우고, 찬양 대원으로서 부족함을 느껴 성악도 배웠다. 그때는 그것이 3번으로서 성취하고자 하는 욕구 때문이라는 것을 깨닫지 못하고 나의 부족함을 채우고 싶다는 열망을 따라갔다.

여러 가지 일을 하며 만나는 다양한 사람들 속에서 나는 또 착한 사람, 좋은 사람이 되려고 했다. 하지만 교회에서 만나는 사람들은 내가 골라서 만날 수 있는 사람들이 아니었다. 속회나 찬양대, 봉사 처 등에서 만나는 사람들 중에는 힘들게 하는 사람들이 있다. 특히 능률적으로 일을 해야 하는 상황에서 나의 무능함을 비난하거나, 무시하는 발언을 하거나, 나를 가르치는 말을 하는 사람들을 참아주는 것은 너무 힘들다. 그렇지만 나의 이미지는 대범한 것이어서 화 안 난 척하고 그 자리에서는 참고 집으로 돌아온다. 그 날 밤에는 혼자 잘잘못을 따지고, 그의 잘못이니 덮고 넘어가야지 하고 주님께 용서의 기도를 올린다. 그러나 그때의 화는 내 마음에 쌓여 있다가 때가 되면 기회를 봐서 교묘하게 상대방이 잘못 했음을 깨우쳐 준다. 꼭 되갚아야 속이 풀리는 것이다.

그런데 에니어그램을 통해서 척하는 것도, 선의의 거짓말도 기만이라는 것을 깨닫게 되었다. 좀 더 솔직하게 나를 표현하는 것이 대범한 것이고 '된 사람'이 되는 길이라는 것을 알게 된 것이다. 일을 할 때에도 능률이나 추진력을 높이기 위해 하나님께 의지하지 않고 사람을 의지하고 선의의 거짓으로 나의 명분을 드러내려고 하던 것을 오직 주님께 기도함으로써 나아가려고 한다. 주님께 지혜를 구하고 인도함을 구하면 하나님께서 사람을 보내주시고 필요한 지혜를 주시며 나를 드러내 주신다.

삶의 가치를 어디에 두느냐에 따라 성공이나 성취의 기준도 달라진다. 물질이나 명예나 권력에 가치를 두지 않고 사랑과 믿음의 척도로 성취 여부를 가른다면 그 사람의 삶은 또한 달라질 것이다. 자기의 뜻이 아닌 하나님의 뜻을 이루는 것으로 삶의 목표로 삼는다면 주님께 전적으로 의지하게 될 것이다.

"감사로 제사를 드리는 자가 나를 영화롭게 하나니 그의 행위를 옳게 하는 자에게 내가 하나님의 구원을 보이리라(시편 50:23)"라는 말씀을 기억하고 주님의 인도 하심에 감사하며 정직한 삶을 살아간다면, 남을 의식하기보다 하나님을 의지한다면 하나님께서는 구원의 역사로 나를 이끄시리라.

잠언 3장 32절에서도 "대저 패역한 자는 여호와께서 미워하시나 정직한 자에게는 그의 교통하심이 있으며"라고 말씀하신다. 정직한 자에게는 마음의 평화를 주실 뿐 아니라 모든 일에 교통하심도 주심을 알 수 있다. 아직도 남에게 비치는 나의 이미지가 나쁘거나 내가 일을 잘 해내는 것이 아니라는 것이 드러날 때면 마음이 상하고 아프지만 실패할 수도 있음을 인정하고 주님을 의지할 때 주님이 주시는 평화를 누린다.

기도 좋으신 주님! 저의 모든 죄를 용서해 주시고 구원의 길로 이끌어 주심을 감사드립니다. 또한 에니어그램을 통하여 나의 격정을 보게 해 주시고 참된 자아를 찾게 해주심도 감사드립니다. 이제 나의 격정을 이겨내고 하나님의 뜻을 구하는 매일 매일의 삶이 되도록 도와주시옵소서. 예수 그리스도 이름으로 기도드립니다. 아멘.

4번 유형: 개인형

1. 개인형의 개괄적 소개

특성 예술인 - 침착한 예술가

격정 시기

나보다 남이 잘하는 것을 보면 위축된다. 자신에게 없는 것을 남이 갖고 있을 때 생기는 감정이 시기이다. 시기의 마음이 생기면 열등감으로 빠져버려 자신의 독특함을 나타내지 못하게 된다.

기피 평범

독특함을 추구하는 강박감에 시달려 평범한 것을 기피하게 된다. 평범한 것들로 둘러싸인 세상을 피해 환상 속으로 들어가 자기만의 독특함을 즐기기도 한다. 일이 자기 뜻대로 되지 않으면 좌절감과 우울감에 빠진다.

함정 진정성

흠이 있는 것은 진정한 것이 아니라는 생각 때문에 과거의 일을 살피고 분석하면서 자기연민에 빠진다. 자신과 타인에게 '이것이 옳은가? 저것이 옳은가?'를 살피느라고 앞으로 나가는 힘이 약하다. 모든 것을 지나치게 진정성의 잣대로 살피게 되는데 이것이 함정이다.

회개 하나님과 일치

격정인 시기에 사로잡히면 자신의 재능과 카리스마를 무시하는 데 이른다. 하나님을 향한 마음이 내면으로 위축되는 것과 하나님께서 주신 카리스마를 무시하는 것이 곧 죄임을 깨닫고 하나님과 일치하지 못했음을 회개해야 한다. 회개하게 되면 부정적인 생각의 지배에서 벗어나 감사하는 마음을 가지고 살게 된다.

덕목 침착

흠이 생기거나 틀릴까 봐 걱정하지 않고 스트레스받는 것을 극복하고, 온전히 하나님과의 일치를 지향할 때 직관력이 높아지고 감정의 균형이 이루어져 비로소 침착해진다. 자기 자신이 더 이상 특별한 존재가 되려고 애

쓸 필요 없이 현재 안에서 창의성을 발휘하게 된다.
대표적 성서인물 욥, 요나, 선지자 이사야

자신이 4번이라는 것을 알고 나면 많은 4번들이 자기에게는 시기심은 없고 오히려 열등감이 많다고 말을 한다. 4번들의 이야기를 자세히 들어 보면, 자신에게는 없지만 다른 사람들에게 있는 어떤 것을 보면 부러움이 생겼다가는 금방 그 감정이 열등감으로 빠져 '나는 왜 이렇지?' 하면서 의기소침해져 버린다고 한다. 그것이 시기심 때문이었다는 것을 나중에야 인정하는 모습을 많이 본다.

4번에게는 '나는 다른 사람과 다르다'라는 독특한 자의식이 있기 때문에 왕자병(공주병)이 많다. 옷을 입어도 다른 사람들이 많이 입는 유행은 따르지 않는다. 1번과 비슷하게 완전하지 않거나 흠이 있을까 봐 걱정하는 사람이 많다. 그래서 무엇을 결정하는 것도 오래 걸리고 자신 없는 것에 대해서는 먼저 말을 꺼내지 않는다. 다른 사람들이 자기에게 잘해주기를 바라면서도 그렇지 않은 것처럼 말하고 행동하면서 다른 사람들이 자기에게 다가오도록 만드는 기운이 있다. 스트레스가 생기면 방에 혼자 콕 박혀 있게 되고 어떤 사물을 볼 때 부정적인 말이 먼저 튀어나온다. 많은 경우 자기 위주로 느끼고 행동하는 아웃사이더 경향이 있어서 직업을 가져도 혼자서 작업하는 일을 하는 것이 좋다. 그러나 이들은 하나님과의 일치를 이룰 때 영감과 창의성이 어우러져 빼어난 예술 작품을 남기기도 한다.

2. 연민으로부터의 탈출[*]

성경 대저 나를 얻는 자는 생명을 얻고 여호와께 은총을 얻을 것임이니라(잠언 8:36).

찬송가 337장. 내 모든 시험 무거운 짐

말씀 나눔 나는 어느 때 연민에 빠지는가? 생활 속에서 감사의 조건을 찾아내 보십시오.

아직 말도 제대로 하지 못하는 영유아들의 천진한 미소를 보고 있노라면 마음이 편안해지는 이유는 그들의 마음에 아직 자아가 발달되지 않아 세상의 때가 묻어있지 않고 주님께서 주신 순수함을 간직하고 있기 때문이라는 생각이 든다.

다른 유형에 비해 예술성과 창의성을 타고난 4번은 건강할 때는 하나님이 주신 영감을 통해 주님을 찬양하는 작품을 만들어내기도 하고 간접적으로 자신의 어두운 감정을 예술 속에 녹여낸다. 자신을 표현할 전문적인 예술적 출구가 허락되지 않더라도 심미적인 이들은 낭만적이고 아름다움을 이상화하는 뭔가를 창조해내는 기질을 가지고 있다.

---

[*] 김은희

나는 왜 4번일까? 어린 시절 우리 집에는 손님들과 친척들이 수없이 드나들었다. 항상 바쁘신 아버지의 뒤치다꺼리에 힘이 부치는 어머니, 7남매 중 끝에서 둘째인 온순하고 내성적인 나에게까지 부모님은 사랑을 줄 여력이 없으셨던 것 같다. 관심을 끌기 위해 내가 배가 아프다며(실제로 가끔 배가 아프기도 했다) 학교를 안 간다고 하면 아버지께서 차로 학교에 데려다주시곤 하던 기억이 있다.

4번의 격정은 시기심이다. 남에게 해를 끼치거나 미워해 본 적도 없고 정말 착하게 살아온 나에게는 시기심이 있을 수 없다고 생각했기에 인정하기가 어려웠다. 시기심은 '나에게 없는 것이 남에게 있을 때 일어나는 현상'이라고 생각해서 자존심 상하고 부끄러워 숨기려 했던 것일까? 시기심은 여러 가지 뜻을 함축하고 있는 것 같다. 자기 자신은 결함이 많다고 비하하며 열등감에 빠지는 것도 시기심에서 왔고, 일어나지도 않을 일을 자기 마음대로 부정적인 상상을 하며 미리 걱정 근심하는 것도 시기심에서 왔고, 지병도 없는데 몸이 자주 아픈 것도 시기심 때문에 마음이 아파서 생기는 현상이라는 것을 알게 되었다.

나의 격정을 절대 인정하고 싶지 않았지만 성경공부와 에니어그램 공부를 하면 할수록 나의 이야기라는 것을 깨닫게 되었고 나의 단점과 회개해야 할 것들이 하나둘 보이기 시작했다. 육십을 넘긴 이 나이까지 나를 돌아볼 기회도 없었고 돌아봐야겠다는 생각도 없이 그저 평탄한 삶을 살고 있었던 나에게 감당하기 어려운 시련이 다가왔다. 그 문제와 부딪쳐서 해결할 방법을 찾아야겠다는 생각만 있을 뿐 현실도피를 하고 있는 자신을 발견했다. 자아 저 깊숙한 곳에서 스스로 만들어낸 부정적인 생각들을 나만의 은신처로 끌고 들어가 환상 속에서 시나리오를 만들어 감정만 휘저어 놓고 있었다. 상대에 대한 분노를 가슴에 품고 사니 몸은 더욱더 여위어갔고 정서적으로 마비되는 상태에까지 이르렀다. 시기심으로 열등감은 자멸감으로까지 떨어졌다. 고난이 극심할 때의 욥이 '차라리 죽는 것이 낫겠다'라는 비통한 절규를 내뱉은 것과 같은 심경으로 삶이 무의미하게 여겨졌다. "마음에 화평은 육신의 생명이나 시기는 뼈의 썩음이니라(잠언 14:30)"라는 말씀이 나에게 도전과 위안이 되었으며, 마음의 평정을 찾고 삶의 의욕을 불러 일으켜 주었다.

나는 나다. 아무도 나를 이해하지 못한다.
나는 타인과 다른, 평범을 기피하는 4번.
나는 특별하다. 그러므로 나에 대한 무관심은 나를 화나게 한다.

나는 누구에게든지 사랑을 받아야 한다는 생각이 은연중에 나를 지배하고 있었다. 다른 사람들이 나를 이해 못 하지만 나도 나 자신을 이해하지 못한다. 자의식이 강한 4번의 딜레마인 것 같다. 나는 한편으로는 평범함을 원하지만 특별하다는 것에 자부심을 가지고 있다. 옷을 고를 때도 평범한 듯 보여도 독특한 디자인을 선택하며 남과 차별을 두고 싶었다. 그러나 4번은 자기 자신이 되기 위한 노력을 그만둘 때 자유로움을 얻고 진정한 자신의 아름다움을 찾게 된다고 한다.

무엇을 하든지 완벽해야 한다는 강박감을 갖고 있기에 발표를 하게 되어도 맨 나중에 하고 만족하게 준비가 되어있지 않으면 혹시 틀리거나 실수해서 망신을 당하지 않을까 하고 불안해한다. 충분한 준비가 안 되었는데 불가피하게 발표를 해야 했을 때 실수를 연발하며 완벽하지 못했음을 후회하면서 이미 지나간 그 상황으로 되돌아가서 자책하며 괴로워한다. 그리고 4번들은 진정성 때문에 눈에 거슬리는 것이 많다. 꼭 남을 책망이나 질타를 하려는 마음이 없는데도 나도 모르게 지적하는 말이 튀어나와 민망함을 당하기도 한다. "유순한 대답은 분노를 쉽게 하여도 과격한 말은 노를 격동시키느니라 지혜 있는 자의 혀는 지식을 선히 베풀고 미련한 자의 입은 미련한 것을 쏟느니라"(잠언 15:1-2). 이 말씀을 새기며 미련한 자가 되지 않기 위해 아직도 많은 수련이 필요함을 느낀다.

　4번은 스트레스를 받으면 직관력이나 창의성을 상실한다. 나를 얻는 자는 생명을 얻는다고 하셨으니 주님께서 주시는 힘으로 살아야 하는데, 나는 주님이 가까이 오시는 것도 두렵고 부담이 되며, 또한 가까이 다가가는 것도 어렵다. 주님께서 이미 많은 것을 주셨는데도 인식하지도 깨닫지도 못할 때가 많다. 지금 가지고 있는 달란트는 내세울 것이 없다고 생각하고 주님은 나에게 왜 특별한 달란트를 주시지 않는가 하며 불만을 토로했다. "대저 나를 얻는 자는 생명을 얻고 여호와께 은총을 얻을 것임이니라"(잠언 8:36) 하는 말씀처럼 이제는 주님을 마음에 모시고 의지함으로써 수시로 나를 나락으로 떨어뜨리는 걱정으로 인해 위축되지 않으며, 맞닥뜨린 고난을 피하지 않고 견디는 법을 터득하고 싶다. 욥기 23장 10절 "나의 가는 길은 오직 *그가* 아시나니 *그가* 단련하신 후에는 내가 정금같이 나오리다"라는 말씀처럼 주님이 왜 나에게 이 고난을 주셨는가를 묵상하면서 침착하게 마음의 평안을 찾아야겠다. 뜨거운 불에서 달구어 낸 정금같이 하나님과의 일치를 이루어 고통이 기쁨이 되고 새 생명을 얻어 주님을 찬양할 수 있게 되기를 원한다.

기도 제가 힘들고 어려울 때 항상 힘이 되어주시는 주님! 시기심이 발동하면 요동치는 감정을 주체하지 못해 나락으로 떨어지곤 하는 죄를 범하지 않게 저를 붙들어 주시옵소서. 다른 사람들보다 높은 직관력과 영감을 주셨는데, 그 달란트를 주님을 위해 유용하게 쓰지 못했음을 회개합니다. 삶의 버전을 바꾸어 주님이 주시는 평안을 되찾아 부정적인 에너지를 긍정적인 에너지로 변화시켜 주님을 만나는 기쁨을 갖게 되기를 원합니다. 예수 그리스도의 이름으로 기도드립니다. 아멘.

3. 불을 품은 마음이 용서하는 마음으로[*]

성경 사람이 불을 품에 품고서야 어찌 그의 옷이 타지 아니하겠으며(잠언 6:27)

그를 높이라. 그리하면 그가 너를 높이 들리라. 만일 그를 품으면 그가 너를 영화롭게 하리라(잠언 4:8)

찬송가 430장. 주와 같이 길 가는 것

말씀 나눔 시기심에 사로잡혔을 때와 여호와를 흠모할 때의 자기 모습을 살펴보십시오.

  나는 내가 누구인지에 대해 관심이 많았다. 4번이 '평범'한 것을 기피하기 때문에 늘 특별한 사람이 되고 싶어 그랬던 것 같다. 그러나 나는 내가 누구라고 말할 수 있을 만큼 딱히 나에 대해 내세울 게 없었고 내가 내린 결론은 늘 '나는 내가 누구인지 모른다'는 것이었다. '나'라는 존재에 대해 알고자 무던히 애를 쓰면서 점점 지쳐갔고 그러던 어느 날, 이제는 더 이상 내가 누구인지 알려고 하지 말자고 마음의 결정을 내렸다.

  그로부터 얼마 지나지 않아 에니어그램을 만났다. 에니어

---

[*] 글쓴이: 최재숙(공동체문화원 수련팀장)

그램은 4번들이 자신의 정체성을 중요시하고 그 정체성을 자신의 감정에 기초해서 만들어간다는 것을 알려주었다. 그건 나에게 너무나 큰 충격이었다. 왜냐하면 나는 진실에 근거한 나의 진정한 모습을 찾고자 했었는데 4번들은 '나'라고 여겨지는 특정한 감정만을 붙들고 표현함으로써 스스로에게 진실하다고 여기고 있다는 것을 알려주었기 때문이다. 아마도 나는 늘 변하는 감정을 통해 나를 찾고자 했었기 때문에 나에 대해 알 수 없다고 여겼던 것 같다.

그리고 에니어그램은 4번이 고통받는 희생자로서의 정체성을 유지하려는 경향이 있어서 과거에 자신에게 상처를 준 사람들에 대한 부정적인 감정을 붙들고 있다는 것을 알게 해주었다. 그래서 4번은 삶에서 소중한 것들을 인식하지 못하고 자신에게 뭔가 근본적으로 잘못이 있다고 믿음으로써 자신의 좋은 자질을 경험하지 못하고 즐기지 못한다는 것이다. 그래서 나는 늘 삶을 아파했었던 것 같다. 에니어그램은 나의 삶이 행복하지 않았던 것이 아니라 내가 삶의 행복을 누리지 못했던 것임을 알게 해주었다.

4번의 격정은 '시기'인데 에니어그램은 그 '시기'는 다른 사람들은 모두 갖고 있는 그 무엇인가가 나에게는 없다고 느끼는 것이라고 알려 주었다. 이것이 바로 내가 사람들 속에서 위축되어 나를 드러내지 못하는 근원임을 깨닫게 되었다. 다른 사람들은 다 괜찮은 사람으로 여기고 나만 결함이 많고 완전하지 못하다고 느꼈던 이유를 알게 되었다. 수치스럽게 여겨지는 나를 숨기기 위해 사람들로부터 거리를 두고 떨어져 있으면서 다른 사람들이 생각하는 것이 무엇인지를 확인해보려 하지 않고 그들의 반응을 마음대로 상상하면서 내 마음에 부정적인 감정을 품는 다는 것을 알게 되었다.

나는 나와 감정적으로 가까운 사람으로부터 나의 고통과 나의 깊은 내면을 이해받고 싶어 했다. 4번의 특성대로 몇몇 사람만이 나에게 중요한 대상이었고 내가 관심을 갖는 대상이 적은 만큼 그들에 대한 기대는 더욱 컸다. 기대가 큰 만큼 늘 실망을 할 수밖에 없었고, 이해해주기보다는 이해받지 못했다고 느끼면서 서운한 감정만을 점점 더 쌓아갔다. 그렇게 부정적인 감정만을 품으려 했기 때문에 나는 분노할 수밖에 없었다. 그래서 나는 불을 품에 품고 사는 사람이 되었다. 나에 대해 진실하지 않은 사람들을 향해 고통받는 희생자가 되어 마음속에 불을 품었다. 그렇게 마음속의 불과 씨름하고 아파하면서 나는 평범하지 않은 사람이 되었다. 불을 품고 있는 한 나의 옷이 타고 나의 몸이 델 수밖에 없다. 상대방에 대한 실망과 서운함을 불로 품었기 때문에 나 스스로도 데이고 그 데인 상처로 상대방도 아프게 했다는 것을 알았다. 그래서 분노를 불로 품고 있기보다는 나를 아프게 한 상대방을 용서해야 한다는 것을 깨달았다. 상대방에 대한 실망과 서운함이 진실이 아니라 내가 만든 허상일 수 있기 때문이다.

나의 감정 안에 갇혀 있는 한 나는 사람들로부터 떨어져 움츠러들 수밖에 없다. 다른 사람들로부터 나를 보호하기 위해서 말이다. 그리고 그렇게 내 안으로 움츠러들어 갈수록 나는 현실로부터 더욱 더 멀어질 수밖에 없다. 기대가 큰 만큼 불만이나 감정적인 문제를 갖게 된 사람들과는 더욱 의사소통을 할 수 없는 관계가 되고, 의사소통을 할 수 없게 된 나는 상대방을 높일 수 없었다. 왜냐하면 스스로 상대방보다 못하다고 여기는 '시기'로 인해 내가 못났다는 것을 겉으로 인정하는 것이 되기 때문이다. 그래서 나는 사람들이 보이지 않는 곳으로 멀리 도망을 갔고, 사람들로부터 멀리 도망 간 나는 더욱더 관계 형성을 할 수가 없게 되었다.

4번은 상상 속에서 자신의 정체성을 나타내준다고 여겨지는 감정을 불러오기 위해 시나리오를 만들고 감정을 지어낸다는 것을 알아야 한다고 에니어그램은 말해준다. 부정적이고 고통스러운 감정을 통해 그것이 바로 '나'라는 감정을 만들어 내고 그 감정을 유지하려고 하는 한 4번은 실제 세계가 아닌 상상의 세계 안에서 살 수밖에 없다는 것이다. 그러나 상상 속에서 부정적인 정체성을 창조하려는 자동적인 반응을 멈출 때 4번은 자유로움을 얻고 진정한 자신의 아름다움을 찾게 된다는 것을 에니어그램은 나에게 알려주었다.

> 기도 주님! 저는 제 자신만의 감정에 빠져 친숙하지 않거나 진실이 아니라고 느껴지는 것들을 거부하며 살고 있었음을 고백합니다. 제가 느끼는 감정만을 중요시하며 그 감정을 불로 품고 씨름하느라 다른 사람들로부터 멀리 달아나 있었음을 고백합니다. 하나님과의 일치를 이루어 사람들로부터 도망가지 않고 사람들과의 연결을 통해서 다른 사람들을 높이는 자가 되게 하옵소서. '나는 누구인가'에 대한 정의를 내리려 하기보다는 매 순간 모든 상황과 사람들에게 제 자신을 열어 놓음으로써 그 순간이 가져다주는 새로운 나를 경험하게 하옵소서. 다른 사람들만큼이나 제 자신도 좋은 사람임을 늘 받아들이고 더 이상 특별해져야 할 필요도 다른 존재가 되어

야 할 필요도 없음을 깨닫게 도와주시옵소서. 많은 사람들 중 한 사람으로 홀로 있는 존재가 아니라 다른 모든 것의 한 부분임을 받아들임으로써 침착이라는 덕목을 이루게 하옵소서. 예수님 이름으로 기도드립니다. 아멘.

5번 유형: 관찰형

1. 관찰형의 개괄적 소개

특성 사색가, 초연하게 행동하는 지식인

격정 인색

심리적으로 공허한 것을 두려워하면서 머리든 주머니든 무조건 채워 넣으려고 한다. 그러다보면 자신의 풍부한 지식이나 소유물, 그 밖에 모든 것을 남들과 나누기 어려워하며 인색하게 된다.

기피 공허

늘 지식을 갖고 싶어 하고 정보에 대한 욕망을 채우기 원한다. 원하는 것을 더 쌓아두려는 속성이 있기 때문에 텅 빈 것을 기피한다.

함정 지식

주변이나 환경에 압도당하지 않으려고 상황을 파악한다. 그래서 결론을 내리고도 남을 만큼의 충분한 지식이 있으면서도 또 질문하고, 생각하고, 관찰하면서 더 많은 지식으로 채우려는 함정에 빠진다.

회개 섭리

완벽한 지식을 갖추어야 한다는 강박감에 빠져 하나님의 섭리를 따르지 못했음을 회개해야 한다. 은총으로 주어지는 믿음을 따라가다 보면, 하나님의 섭리 안에서 살게 되고 다른 사람들을 이해하고 사랑할 수 있게 된다.

덕목 초연

자신의 풍부한 지식을 더 이상 분석하지 않고, 도움이 필요한 사람에게 자기의 것을 나누어 주면서 살게 되면 그들로부터 좋은 평판을 받게 된다. 이렇게 하나님의 섭리에 따르는 생활에 확신이 생기면 지식에 의존하던 것에서 벗어나 자유롭고 유연해지며 초연한 삶을 살게 된다.

대표적 성서인물 요셉, 도마, 니고데모

대체로 5번은 생각을 많이 하면서도 행동을 잘 안 하는 경향이 있다. 친구들과 어울려 다니면서 돈을 쓰지도 않고, 여러 가지 면에서 인색하게 보인다. 이것은 이들의 두려움 때문인데 자기에게 있는 어떤 것이 밖으로 빠져나가 텅 비게 되면 어쩌나 하는 공허감을 못 견디는 성향 때문이다. 5번들은 자기가 원하는 만큼 채워지면 밖으로 내보내겠다고 한다.

5번은 많이 알아야 안심이 되기에 정보 수집에는 귀재이고, 취미로 무엇을 모으는 것도 좋아한다. 다른 사람에게 압도당하는 게 싫어서 누가 어떤 도움을 청할 때나, 도움을 준다고 할 때에도 그것을 명령으로 듣고 기분 나빠할 수도 있다. 자기가 어울리고 싶지 않은 곳에서나 스트레스를 받았다고 생각되면 그곳을 스르르 빠져 나가버리기를 잘한다. 한동안 연락을 하지 않고 지내다가 자기의 감정이 해결되면 다시 나타난다. 아는 것이 많기 때문에 말을 할 때에 말의 초점에서 벗어나 계속 가지를 친다. 그래서 옆의 사람들에게서 좀 간단하게 하라는 말을 듣게 된다. 새로운 환경에 적응하기가 힘이 들어서인지 여행을 별로 좋아하지 않는 사람도 있다. 이들이 건강해지면 고요한 마음으로 현실을 폭넓게 수용하고, 비전을 제시하며 사회에 공헌한다.

2. 지식의 근본*

성경 여호와를 경외하는 것이 지식의 근본이거늘, 미련한 자
는 지혜와 훈계를 멸시하느니라(잠언 1:9)

여호와께서는 지혜로 땅에 터를 놓으셨으며 명철로 하
늘을 견고히 세우셨고 그의 지식으로 깊은 바다를 갈라
지게 하셨으며 공중에서 이슬이 내리게 하셨느니라(잠
언 3:19-20)

찬송 540장. 주의 음성을 내가 들으니

말씀 나눔 공허함을 견디지 못하고 위축되는 경험을 나누어
보십시오.

요한복음 3장1-21절 한밤중의 방문객, 탐구자 니고데모

유대인의 관원이자 바리새인인 니고데모는 한밤중에 예수
님을 찾아왔다. 그는 당시 이목이 집중된 예수를 책임감을 가
지고 탐구해야 할 입장에 설 수밖에 없었다. 그래서 예수에 대
해 관찰과 분석 그리고 이해와 신중함을 거쳐 예수가 하나님께

---

* 글쓴이: 이정섭(공동체문화원 회원)

로부터 오신 분임을 알게 된다. 그러니 더 이상의 지식은 불필요하고 직접 만나서 확인하는 것밖에는 없다는 결론을 내린다. 급기야 그는 신변의 위험을 무릅쓰고 예수를 찾아가 대면하였다.

에니어그램 5번 유형의 통합인 '느린 생각, 빠른 행동'이 나타난 것이다. 예수가 하나님으로부터 오신 분은 분명하나 예언자인지 메시아인지를 분별해야만 할 역사적 과제 앞에 선 니고데모의 결의에 찬 모습이었다.

그러나 대화 중에 예수가 "누구든지 다시 나지 않으면 하나님 나라를 볼 수 없다"(요한복음 3:3)라고 말하자, "어머니 뱃속에 다시 들어갔다가 태어날 수야 없지 않습니까?"(요한복음 3:4)라고 지식을 과시하듯 말했다. 그러나 예수가 드러낸 하나님 나라는 차원이 다른 것이었다. 깊은 영성을 드러내시며 물과 성령으로 거듭나지 않으면 하나님 나라에 갈 수 없다고 말씀하신다.

힘의 원리로서의 지배 체제가 아닌 지배 없는 질서 안에 하나님 나라가 임한다는 것이다. 이제 그는 희생적 지도자로서 당시의 대제사장들의 무모한 예수 사냥에도 위험을 무릅쓰고 예수를 변론한다. 그의 말을 들어보고 그가 하는 일을 알아본 후 심판하라며 산헤드린 최고 의원들에게 객관적인 판단 근거를 갖추도록 권고한다. 그러나 예수를 죽음으로 몰고 가는 권력지향적인 보수 지도층의 악마성을 보면서 결정적인 순간까지 기다리며 자신의 책임과 역할을 찾는다.

예수가 최후의 십자가 죽음을 맞았을 때 그는 아리마대 사람 요셉과 함께 십자가에서 시신을 모셔 장례를 치른다. 열두 제자까지 무서워 달아나 숨었던 살벌한 상황에서 모든 사태를 파악하고 어떤 운명도 받아들이려는 각오로 초연하게 사태를 처리해 간다. 그는 유대인의 지도자로서 하나님의 현존 안에 머무르며 예수와 더불어 현존하는 참 제자이다. 개척하는 비전 제시자로서 니고데모는 하나님께로부터 오신 예수가 내려주신 진리인 물과 성령으로 거듭나야 하나님 나라를 갈 수 있음을 세상에 공포하는 존재로서의 삶을 사신 분이다.

에니어그램 5번 유형은 자신을 지적이며 지각이 뛰어나고 예민한 사람으로 생각한다. 앎이란 '나는 모른다는 자각'임을 깨우치기 시작하여 강력한 물음표가 유난히 많은 탐구자들이다. 그는 모든 것을 이해하고, 모든 것을 관찰하며, 지적 확실성을 지니고, 통일된 관념에 따라 모든 것을 해석하고, 자신의 생각과 일치하지 않는 것은 배척하고, 자신을 위협하는 모든 것으로부터 자신을 고립시킨다.

이들의 생각은 외부를 향하여 방향을 잡고 있으나, 공격을 포함하여 주관적 충동이 그들의 지각을 압도하거나 왜곡시키면 갈등이 일어나게 되면서 외부로 향한 생각이 내면으로 떠밀려 들어가며 위축이 된다. 그렇게 되면 정신이 고도로 활성화되고 강력하지만 방어적이 되어 정신이 과열되고 주관적인 아이디어를 자신의 지각 속에 투사하고 만다.

그래서 이들이 세계와 타인과의 관계를 거부할 때 내면적 모형은 현실로부터 거리가 점점 멀어지고 비현실적이 된다. 그 결과 호기심과 후퇴, 개입과 동떨어짐, 몰입과 방어, 공격과 공격 공포증, 유인과 격퇴와 같은 역설적인 전체 모형을 내재하고 있는 사람들이 된다.

환경 즉 바깥세상에 의해 압도당할까 봐 두려워하는 기본적 공포를 벗어나기 위해서는 지나친 관찰을 멈추고, 자신이 만들어 낸 주관적인 아이디어를 객관적인 사실에 비추어 점검하는 현실과의 접촉이 전제가 될 때 주변 세계를 제대로 이해하여 문제를 해결하는 유능한 사람이 된다.

현실과의 접촉이 배제된 환경에 대한 지식 추구는 지나친 분석과 예견으로 이어지고 주관적인 아이디어를 만들어 투사하는 정신적 왜곡이 나타난다. 그래서 환경이나 타인에게 위협받는 것으로 느낄 수밖에 없게 스스로를 만든다는 것을 5번은 알아차려야 한다.

나는 5남매 중 셋째로 태어났다. 위로 오빠와 언니는 부모님의 관심을 받으며 자란데 비해 나는 그만한 관심을 받지 못하였다. 내가 태어날 즈음 아버지는 친구 분의 빚보증을 서준 것이 잘못되어 경제적 타격이 컸다고 한다. 어머니가 문제를 해결하러 다니시느라 오빠와 언니만큼 나를 돌보지는 못하셨을 것이다. 그래서인지 나는 자라면서 그들과 차별받는다는 씁쓸한 느낌을 간직한 채 공허함을 느끼곤 했다. 지금도 나는 공평하지 못한 것에 예민하다. 그리고 그런 상황이 무슨 의미인지, 왜 그런지 분석하고 질문하며 사태를 파악하려고 에너지를 쓴다.

나의 격정은 '인색'이다. 부모님이 사랑한다는 건 알겠는데 뭔가 부족했고, 만족스럽지 못했다. 그러다 보니 나는 부족한 부분을 채워 넣어야 하는 존재로 인식하며 살아왔다. 예를 들면 의사 결정 상황에서 충분한 이야기를 들은 후에는 판단하고 행동으로 옮겨야 함에도 불구하고 더 알아야 한다며 행동이나 결정을 미루곤 하였다. 그러다 보니 의견을 말할 시기를 놓치고 존재감을 잃었고, 그러고 나선 자책을 하였다.

기피는 '공허'인데 가지고 있는 것보다는 없는 부분에 몰입하게 되니 문제 상황에 부딪히면 '나는 모르는데…'라는 생각으로 굳어진다. 아는 내용을 가지고 현실에 다가가기보다는 더 알아야 한다며 책을 찾아보고, 상황을 관찰하고 분석하게 된다. 그러면 그럴수록 일어나지 않을 일도 예측하게 되어 환경에 압도되고 내면으로 위축되었다. 공허함이란 어리숙함으로도 표현 가능한데 이제 나는 부족한 나를 기피하지 않고 사랑스럽게 포용하며 살아가려고 한다.

함정은 '지식'인데 주위 환경에 대해 더 알지 않으면 압도당하기에 더 많이 알려고 이론과 책 속으로 들어간다. 사실 나는 외부에 대해 관심이 많고 유능해서 좋은 영향력이 있는 존재이고 싶다. 하지만 공격을 포함하여 주관적인 충동이 내 지각을 압도하거나 왜곡시키게 되면 갈등이 일어나고 외부로 향하던 관심이 내면으로 떠밀려 들어가서 위축이 된다. 사람들과 현실과의 사이에 거리를 두는 때에도 호기심과 후퇴, 개입과 동떨어짐, 몰입과 방어, 공격과 공격공포증 같은 외부와 내면에 여전히 관심을 두고 있는 역설적인 전체 모형이 내재되어 있다. 내면과 외부의 균형을 이루기 위해 끊임없이 지식으로 채우려니 얼마나 시간이 많이 걸리겠는가. 에니어그램 수련을 통해, 문제를 앞에 두고 지나치게 책이나 이론 속으로 파고 들어가는 것은 현실을 도피하기 위한 수단이 될 수 있음을 알아채면서 점진적으로 절제하는 중이다.

회개는 '섭리'인데 모든 진리의 주체이신 분이 하나님이시니(잠언 3:19-20) 지식이라는 함정에서 벗어나 주의 음성에 귀 기울이기로 했다. 하나님께서 나의 부족하고 어리숙한 자리에 임재해 주시기를 간구하며, 있는 모습 그대로 현실에 개입하려 한다.

덕목은 '초연'인데 이제 나는 부족한 지식을 채우기 위해 해 오던 과도한 이론 습득과 관찰과 분석을 멈추고 주관적인 아이디어를 객관적인 사실에 비추어 점검하려고 한다. 그리고 현실에 참여하여 배워 가며 내가 아는 것을 나누어 가는 개척하는 비전 제시자로 거듭나기를 원한다.

기도 모든 지식의 주인이신 하나님 아버지. 저는 어리석어 보일까 봐 속마음을 털어놓지 못하고 상황에 맞지 않는 실언으로 우스워 보일지 모른다는 두려움 때문에 솔직하지 못하였습니다. 이 두려움을 극복하려고 이론이나 책 속에서 답을 찾고자 하였습니다. 하지만 환경을 분석하면 할수록 점점 더 생겨나지 않을 문제까지도 예견하며 스스로 혼란 속에 빠지게 되고 현실과는 동떨어져 갔음을 고백합니다. 이제 나는 부족하기 때문에 더 많이 알아야 하고 내어 줄 것이 없다고 여기던 인색함에서 벗어나 온전한 진리의 주인이신 하나님의 말씀에 귀 기울이면서 나의 부족함은 하나님의 이치로 온전하여진다는 믿음 안에서 초연하게 살아가기 원합니다.

인색함에 사로잡힌 마음은 완악하여 주의 음성을 들을 수도 깨달을 수도 없음을 기억하게 해 주십시오. 잠언 1장 9절 말씀대로 만유의 주이신 여호와를 경외하는 것이 지식의 근본임을 감사드리며 주의 세미한 음성에도 귀 기울이는 거룩한 삶으로 인도하여 주시옵소서. 주께서 알려주신 이치가 시대를 열어가는 비전이 되게 하여주시길 예수님 이름으로 기도드립니다. 아멘.

6번 유형: 수호형

1. 수호형의 개괄적 소개

특성 충실한 사람, 용감한 충성가

격정 공포

아버지를 너무 좋아해 따르던 사람이나 근엄한 아버지 밑에서 보호나 신뢰받지 못했던 사람이나 그 아버지에게 인정받지 못할까 봐 걱정하던 버릇이 두려움이라는 격정으로 이어진다. '버림받을까 봐'라는 두려움에서 벗어나기 위해 누군가에게 의존하려고 한다. 안전하게 되어도 또 불안해져서 앞으로 일어나지도 않을 일에 대한 걱정을 미리 하는 편이다.

기피 일탈

주어진 틀 안에서 지내려는 성향 때문에 질서를 어기거나 자신의 행동이 어긋나지 않으려고 조심한다. 충실해야 한다는 강박으로 일탈을 기피하게 된다.

함정 안전

걱정인 공포 때문에 늘 불안하기에 지금의 안전을 확신할 수 없어서 또 다른 안전을 찾는 함정에 빠진다. 그렇기 때문에 이들의 행동은 제한되고 앞으로 나아가는 힘이 약하다. 사람이나 시스템에 대해서 믿을만한지 늘 체크를 하게 된다. 한마디로 의심도 많다.

회개 하나님을 의지

하나님에게 의지하는 믿음 없이 자신만의 안전을 추구한 것을 회개해야 한다. 자신의 내면에 확고하게 자리 잡은 하나님의 존재로 인해 자기 자신도 신뢰하게 되고, 다른 사람도 믿어줄 수 있게 되어 평화롭게 살 수 있게 된다.

덕목 용기

공포의 걱정을 사로잡고 안전만을 추구했던 자신을 회개하면 내면으로부터 하나님께서 자신을 늘 지원하고 계심을 깨닫게 된다. 하나님을 의지하는 마음에 충실함이 더해지면 어떤 조건에서도 삶의 모든 문제를 헤쳐 나갈 수 있는 용기가 생긴다.

대표적 성서인물 이삭, 여호수아, 베드로

6번은 독특하게 나타나는 특징이 별로 없다. 매사에 충실하고 규칙을 어기지 않고 윗사람의 말을 잘 듣는 편이다. 어떤 일이 있을 때 다른 사람을 시키지 않고 자기가 일을 다 처리하려고 한다. 그러다 보면 너무 많은 일을 떠맡게 되어 그 일을 다 해내지 못하고 빠뜨리게 될 수도 있다. 충실하게 잘하던 사람이 건강하지 않을 때는 확 변하여 반대로 가는 수도 있다. 안전하지 않게 될까 봐 생기는 두려움 때문에 조심한다는 것이 가까운 사람에게 잔소리로 비칠 말을 많이 한다. 6번의 이야기를 들어 보면 항상 여러 가지 생각 때문에 마음이 늘 복잡하다고 한다. 자신의 내면에 위원회가 있어서 항상 의논을 한다고 한다. 일어나지도 않을 일을 미리 걱정을 많이 하는 편이라 길 위에 있는 맨홀도 비켜서 걷는다고 한다. 건강한 이들은 헌신적으로 책임을 다하는 일꾼이며 다정한 친구이다.

2. 알 때나 모를 때나*

성경 너는 마음을 다하여 여호와를 신뢰하고 네 명철을 의지
　　　하지 말라(잠언 3:5).
찬송 288장. 예수를 나의 구주 삼고
말씀 나눔 보지 않고도 믿는다는 것이 어떤 것일까요? 자기의
　　　경험을 나누어 보세요.

'나는 무엇으로부터 존재하는가?', '나에게 육체적인 생명을 준 부모님에게 받아야 할 신뢰와 사랑을 받고 있나?' 이 질문들은 늘 나의 마음속에 자리하고 있는 질문이고, 아픔이고 슬픔이다. 세상에서 어느 누가 나를 지지해 줄 수 있었나를 생각할 때 허무한 생각이 든다. 세상천지를 둘러보아도 아무도 없는 빈 것 같은 공포가 나를 집어삼킨다.

　삶에 대한 나의 두려움은 나를 나답게 하지 못하고 있다. 내가 지켜왔던 것들이 어긋날까봐 삶의 궤도를 벗어나지 못하고, 경험해 보지 못한 일들에 대해서 망설이고 있는 나의 궁핍한 모습이 때로는 참으로 메마르게 보인다. 모험을 해야 할 때도,

---

* 글쓴이: 박미례(공동체문화원 총무)

앞으로 치고 나아가야 할 때도 왜 망설이기만 했었나 하는 의문점들이 에니어그램을 수련하다 보니 풀리게 됨을 깨닫는다. 하나님께서 모세에게 떠나라고 명령할 때 떠날 수 있는 '용기'는 6번인 나에게는 천지를 뒤흔드는 두려움일 수 있다. 그것은 신앙생활을 오랫동안 해 왔지만 나의 마음을 다하여 하나님을 섬기고 의지하지 못한 나의 모습이다.

내가 30대 때 우리 집은(엄마와 남동생과 함께) 반지하 전세로 살고 있었는데 조금 형편이 나아져서 이사를 가게 되었다. 남동생은(나의 남동생은 8번인 것 같다) 28평 아파트에 전세를 얻어 이사를 가자고 했다. 반지하 전세보다 4배의 돈이 필요했는데, 나는 동생에게 너무 무리하지 말고 우리 형편대로 빚지지 말고 이사를 가자고 했다. 결국 8번인 남동생의 생각대로 아파트로 이사하게 되었다. 무모해 보였던 일들이었는데 그것을 기반으로 아파트를 사게 되었다. 그 당시의 일들을 가족끼리 얘기할 때, 남동생은 지금도 나의 소심하고 용기 없음을 타박한다. "그때 누나는 나를 믿지 못하고 반대했지만 나는 해냈다고…" 지금 생각해 보면 6번인 나는 일탈을 싫어해서 8번처럼 도전해서 성취하기보다는 틀 안에서 무언가를 해 나가기를 원하고 그것을 편하게 생각했다. 용기와 격려가 필요했던 남동생에게 찬물을 끼얹는 말을 했으니 얼마나 섭섭했겠는가.

나는 일탈을 싫어하는 성향과 삶에 대한 두려움 때문에 무엇이든지 먼저 안전을 찾으려는 욕구가 강하다. 엄마는 연세가 있으셔서 위생 개념이 좀 약하시다. 한번은 복날이어서 닭을 삶았는데 닭다리에 빨강 나일론 줄을 묶어서 닭을 삶아 놓으셨다. 나는 기겁을 하고 엄마에게 잔소리를 하면서 그 닭을 먹지도 않았다. 거기에 형부도 계셨는데 엄마가 얼마나 속이 상하셨을까?

틀 안에서 세상을 보고 안전을 찾다 보니 수용하지 못하는 것들이 많아 열린 세상을 살 수 있음에도 불구하고 늘 좁은 세계에서 살았다. 그때 내가 눈을 딱 감고 닭을 먹었으면 좋았을 텐데… 지금은 이런 경우에 잔소리를 덜 하고 넘어간다.

나는 하나님을 믿는다고 하면서도 하나님을 의지하기보다는 세상이 원하는, 세상의 잣대에 맞게, 합리적인 삶에 의지하면서 살아왔음을 회개하지 않을 수 없다. 무엇이 나를 그곳으로 이끌어 가고 있는지 알 때나 모를 때에나 하나님을 향한 발걸음을 한발자국 떼는 것이 너무 힘이 들어 쉽게 세상으로 빠져 버리는 의지박약아처럼 살아왔음을 회개한다.

6번은 하나님께 의지하면서 살아갈 때 진정한 용기가 나온다. 에니어그램 6번인 여호수아에게 하나님께서 '굳세고 용감하여라'(여호수아 1:6), '오직 너는 크게 용기를 내어'(여호수아 1:7)라고 말씀하셨듯이 뿌리 없는 나의 두려움을 극복하고 항상 하나님을 의지하고 함께 가겠다는 생각으로 살아가야겠다. 사람에게서 나오는 명철은 두려움을 안고 사는 것이고, 마음을 다하여 여호와를 섬길 때 진정한 '내'가 될 수 있음을 고백한다. 내가 생각하고 믿었던 것들의 허상이 마음을 다하여 여호와를 신뢰하는 것보다 중요할 수 없고, 어떠한 어려움이 닥치더라도 두려워하지 않는다. 오직 내가 의지할 분은 하나님 한 분인 것을 명심하고 살아갈 때 언제 어디에서든지 침착하게 모든 상황을 극복해 나갈 수 있을 것이다.

기도 주님! 저에게 주님이 주신 용기를 믿고 세상으로 나아갈 수 있는 힘을 주옵소서. 아니 이미 저에게 은총을 베풀고 계시는데 저는 믿지 못하고 계속 헛걸음을 하고 있는지 모르겠습니다. 태초에 주님이 저에게 허락하신 '나'로 살아갈 수 있도록 거듭나게 하여 주옵소서. 늘 주님을 사랑하고 따르던 베드로였지만 때때로 주님의 뜻을 거스른 삶을 살았습니다. 하지만 '십자가'의 공로로 주님을 믿고 진정한 용기를 얻어

순교에까지 이르렀습니다. 저에게도 베드로의 모습이 보입니다. 믿고 따르지만 진정한 믿음이 아닌 늘 내가 먼저 보이는 저입니다. 하나님을 의지하는 충실한 제가 되기를 간절히 기도합니다. 어떤 조건에서도 모든 것을 헤쳐 나갈 수 있는 용기를 얻어 하나님 앞에 신실한 믿음으로 살기를 간절히 기도합니다. 예수님의 이름으로 기도드립니다. 아멘.

7번 유형: 이상형

1. 이상형의 개괄적 소개

특성 팔방미인, 맑은 정신의 열성가

격정 탐닉

'빼앗길까 봐'라는 두려움이 있다. 행복하기 위해 그 대상을 계속해서 찾다 보면 여기저기에 탐닉하게 된다. 격정 때문에 이것도 해보고 저것도 손대보고 하다가 만능선수가 되지만 결국 어느 곳에서도 만족을 얻을 수 없게 된다.

기피 고통

활기찬 성향으로 만족을 얻기 위해 쉬지 않고 움직이며 다닌다. 재미없고 지루한 것을 못 견디며 고통을 기피하게 된다.

함정 이상주의

낙천적이고 이상주의적이기 때문에 현재에 어떤 일을 하고 있는데도 불구하고 동시에 또 다른 이상을 꿈꾸면서 살아간다. 다른 사람들이 따라가기 힘들 정도로 끊임없이 일을 벌이고 추진한다.

회개 창조에 동참

자기 자신의 만족을 채우려는 격정으로 이상주의에 빠져 하나님의 창조에 동참하지 못했음을 회개하여야 한다. 자신이 추구하는 행복과 만족을 현재의 삶과 조건 속에서 찾기 시작하면 자신의 창의성을 발휘하게 되어 내면의 만족으로 안정을 찾게 된다.

덕목 맑은 정신(명정)

하나님께서 개입하고 도우시는 창조의 역사에 동참하는 차분한 마음으로 살게 되면 맑은 정신의 덕목을 이루게 된다. 맑은 정신의 경지에 이르면 자기도 행복하고 다른 사람에게도 자신의 행복을 진심으로 나누며 살게 된다.

대표적 성서인물 압살롬, 느헤미야, 솔로몬

새롭고 맛있는 음식을 즐기고, 맛집을 많이 알며 재미있는 일을 많이 만든다. 7번이 끼면 친구들이 즐거워한다. 하루 저녁에 세 팀이나 약속을 해놓고 친구를 만나는 사람도 있다. 취미가 많기 때문에 할 일도 많고 심심하거나 괴로운 일은 견디기 힘들어한다. 그래서 다른 사람의 고민을 잘 들어 주지 못한다. 앞으로 생길 일에 대해서는 무조건 잘될 거라는 생각을 하고 본다. 새로 나온 물건 사기를 좋아해 살아가면서 돈이 많이 든다. 어떤 7번은 홈쇼핑에서 사놓은 물건 중에 한 번도 안 쓴 것도 많아서 필요한 게 있으면 가져가라고 한다. 끝까지 하는 것이 적고 직장을 옮기기도 잘한다. 불건강해지면 알콜중독, 노름에 빠져들 수 있다. 그러나 삶의 방향을 바꾸고 나면 성 프란시스코처럼 가난과 벗하며 살 수도 있다.

2. 이상형 마주하기[*]

성경 네 눈을 잠들게 하지 말며 눈꺼풀을 감기게 하지 말고(잠언 6:4)

찬송 478장. 참 아름다워라 주님의 세계는

말씀 나눔 예수님의 생애를 통하여 고통을 마주하는 장면을 떠올리며 이야기해봅시다.

사고형은 감정, 행동보다 사고 기능이 앞장서며, 침착하게 분석한다. 7번은 사고형에 속하지만 아주 실용적이고 동시에 일을 실행하며 빠르게 행동으로 옮기기 때문에 사고형으로 보이지 않을 때도 있다. 생각이 앞서기에 앞일을 예견하여 주변에서 쓸데없이 앞장서 걱정한다는 핀잔을 듣기도 하고, 즉흥적이라 변덕이 심하다는 말을 듣기도 한다.

7번의 유아기 기원은 양육자와 분리되었다는 감정의 경험에서 비롯된다고 한다. 충분한 보살핌을 받지 못했다는 깊은 좌절감에 있는 어린 시절의 7번은 자기 스스로 얻어낸 것으로 자신이 받지 못한 양육에 대한 보상을 받으려 한다. 내면의 좌

---

[*] 글쓴이: 박찬남(공동체문화원 회원)

절, 결핍, 두려움들을 억제할 수 있는 흥밋거리를 찾음으로써 부정적인 감정과 갈등이 의식 위로 올라오지 않도록 스스로를 만족시켜 나아간다.

세 살 무렵 어머니를 잃은 나는 성년이 지나서야 정이 많고 대장부처럼 대범했던 어머니의 이야기를 먼 친척 할머니로부터 들을 수 있었다. 내가 7번의 성격을 갖게 된 건, 어느 날 갑자기 사라져 버린 어머니의 부재에서 비롯된 좌절과 불안 때문이었는지, 아니면 성격이 강하고 드센 어머니가 나를 다그치거나 당신의 방식대로 몰고 갔던 탓으로 인한 건지, 그 이유를 명확하게 알 수는 없다. 다만 양육자(어머니)의 부재라는 부정적인 기억이, 어린 나를 생각 속에서만이라도 위로하기 위해, 내 능력으로 현실을 만족스럽게 만들어가려는 이상주의자가 되게 했다는 생각이 든다. 그래서인지 나는 '괜찮아'가 삶의 모토인 긍정주의자이다.

7번의 격정은 '탐닉'이다. 탐닉이란, 소유하려는 탐욕과는 달리 즐거운 경험에 몰입하기 위해 다양한 것을 수집하고 맛보려는 욕구라고 한다. 그리고 그것이 감각이든 감정이든 자극이든 깊이 몰입하지 않는다. 그래서인지 그런 경험을 통해 어떤 수준에 도달하기 어렵다. 그냥 새로운 것, 평범하지 않은 것, 다양한 체험이 나를 유혹한다. 계절이 바뀌어 옷장을 정리할 때면 몇 번 입지도 않은 옷들, 구매한 기억조차 희미한 새 옷들이 줄줄이 나온다. 포장을 뜯지도 않은 주방용 소형 가전제품들이 가지런히 정리되어 씽크대를 채우고, 나이가 들어감에 따라 새로운 운동용품들이 한 종목씩 한 종목씩 더 추가되지만 나는 늘 입문 상태에 머물고만 있다. 그러나 쌓여가는 물건들을 볼 때면 나는 역설적으로 행복하다.

7번의 기피는 '고통'이다. 7번이 느끼는 지루함은 환경이 충분한 자극을 주지 않기 때문에 자신의 불안과 부정적인 감정, 고통에 직면하게 됨에서 비롯된다. 에니어그램을 공부하기 이전의 나는 어떠한 과제나 큰 행사를 마치고 무위(無爲)의 시간이 오면, 즉 아무 자극이 없는 상태가 오면 이유 없이 불안하고 괴로웠다. 끊임없는 상념들이 머릿속에서 소용돌이치며 알 수 없는 우울감과 초조함을 느끼곤 했다. 또 조금만 지루하거나 흥미가 없어지면 바로 장소를 이탈하고, 이탈할 수 없을 경우에는 다른 생각이나 허용이 되는 작은 행동을 하곤 했다. 그래서 강의나 교육 수강 중에 덜그럭거리며 가방을 정리하거나, 일정 정리 같은 딴짓을 하는 것이다. 그렇다고 강의 내용을 놓치거나 하진 않는다. 질문 시간에는 누구보다 더 열심히 궁금한 것을 질문한다. 듣기는 하되 태도는 산만하다.

이제 에니어그램을 수련 중인 나는 이유 없는 불안감이 나를 엄습할 때면 그것은 가짜라고 직시하거나, 직접 그 감정과 대면하여 원인을 찾고자 한다. 그러면 신기하게도 불안한 감정이 마치 연기처럼 사라지는 것을 느낀다. 또 친구와의 대화가 지루하여 견디기 어렵게 되면 그 원인을 찾고, 의미를 찾아내어 그 시간을 견디어 내곤 한다.

7번의 함정은 '이상주의'이다. 7번은 현재 하고 있는 일이나 경험에 만족하지 못하고 앞으로 올 사건이나 일이 현재의 문제를 해결해 주고, 개선해주기를 바라면서 미래를 기다린다. 몸은 현재이나 생각은 늘 다음 순간에 있다. 잘못된 선택을 하지 않기 위해, 그리고 나에게 최선인 것을 놓치지 않기 위해 끊임없이 생각하고 계획한다. 미래에 대해 생각하는 것이 잘못은 아니지만 끊임없는 미래에 대한 생각은 현재와의 연결을 잃어버리게 하고 현재의 문제에 직면하기 어렵게 만든다. 현재의 직장 또는 결혼 생활이 여러 면에서 나쁘거나 문제점이 없음에도 불구하고, 오히려 안정적이고 자극이 없다는 이유로 최상의 이상적인 직장이나 결혼 생활을 놓치고 있는 것은 아닌지 불안해하며 슬퍼하는 것이다.

7번의 회개는 '창조에 동참'이며, 덕목은 맑은 정신이다. 분주함 속에 자신의 행동에 대한 죄책감과 후회를 누르고 있는 7번은 다른 사람에게 상처를 주는 것도 원치 않지만 자신의 고통이나 내면의 불안에 직면하기는 더욱 두렵다. 깨어있음은 영적 각성과 경계심을 의미한다. 깨어있음으로 인해 맑은 정신을 유지하고 창조에 동참 할 수 있다. "모든 기도와 간구로 하되 무시로 성령 안에서 기도하고 이를 위하여 깨어 구하기를 항상 힘쓰며"(에베소서 6:18), "시험에 들지 않게 깨어 있어 기도하라"(마태복음 26:41)라는 말씀처럼 회피하고자 했던 고통과 박탈감이 나를 슬프게 할 때 당황하고 도망가기보다는 주님이 주신 말씀처럼 말씀으로 무장하고, 기도로 깨어 있어 걱정과 함정에 빠지지 않도록 그 감정에 직면하려 고한다. 또한 의도적으로 일상적인 것에서 충만감과 감사함을 느끼려고도 한다. 상념 속의 이상적인 미래를 좇고자 나를 소비하지 않고 현재에 감사하며, 있는 그대로 느끼고 만족하려는 것이다. 그렇게 함으로써 하나님이 우리에게 주신 삶 자체에 충분히 감사하고, 내면으로부터 밀려오는 기쁨 속에 살게 될 것이라고 생각한다.

이제 나는 갑자기 사라진 어머니를 찾으며 홀로 남겨져 불안과 어두움 속에서 소리 없이 울고 있는 어린 시절의 나를 만나고 싶다. 그 아이를 만나면 무릎을 꿇고 손을 내밀어 조용히 안아 주며 이제는 괜찮다고 잘 견디어 왔다고 다독이며 함께 있을 것이라며 위로하고 싶다.

기도 사랑이 많으신 하나님 아버지! 이제까지 이렇게 하찮고 미약한 저를 보호해 주시고 사랑해 주심을 진심으로 감사드립니다. 언제나 함께하심을 알면서도 끊임없이 의심하고, 원망하고, 불안해했습니다. 주님! 주어진 것에 만족하고 평범한 것에 감사하며, 제 스스로 행복해질 뿐만 아니라 주님이 값없이 주신 세상을 돌보며 다른 사람의 안녕과 행복을 위해 일할 수 있는 제가 되도록 항상 깨어있을 수 있는 명철, 맑은 정신을 주시기를 기원하며 예수님의 이름으로 기도드립니다. 아멘!

8번 유형: 대결형

1. 대결형의 개괄적 소개

특성 지도자 – 소탈한 지도자

격정 정욕

　　　지나치게 자부심이 강하여 항상 이기고 정복하는 강자가 되어야 한다는 강박이 있다. 그래서 욕심이 많고 고집이 세며 육체적인 만족을 채우려는 욕구가 강하다.

기피 약함

　　　늘 우두머리로 살았기 때문에 꿀릴지 모른다는 두려움이 있다. 언제나 이겨야 한다고 생각하기에 약하게 보이는 것을 기피한다.

함정 정의

약한 자들을 도우며 정의를 실현하려다가 또 다른 불의를 행사할 수 있는 함정에 빠진다.

회개 뜨거운 동정심

정욕, 오만이라는 격정으로 정의를 이루려다보니 다른 사람에 대한 뜨거운 동정심이 없었음을 회개해야 한다. 일을 잘하는 것이 중요한 것이 아니라 사람의 마음을 헤아리려고 애를 써야 한다. 자신의 의지를 고집하며 밀고 나가는 것을 포기할 때, 하나님의 뜻을 발견하게 된다. 하나님의 힘에 자신을 맞추어 나감으로써 스스로 강해져야 하는 것으로부터 자유로워지게 된다.

덕목 소박

강해지기위해 순수함을 포기해야 했던 삶에서 벗어나 약자를 보호하고 섬기려는 자세로 살아가면 소박함의 덕목을 갖추게 된다. 뜨거운 동정심으로 타인의 삶을 이끌어주는 데 자신의 역량을 발휘하는 소탈한 리더이다. 또한 다른 사람이 충고해 주는 말에 귀를 기울이며 자문을 받아들이는 외유내강의 덕장으로 살게 된다.

대표적 성서인물 다윗, 에스더, 헤롯대왕

자기 마음대로 되지 않으면 버럭 화를 잘 내는 사람이다. 대결형이기 때문에 다른 사람이 자기에게 치고 들어오는 것을 견디지 못한다. 건강하면 자기 식구들이나 부하들을 잘 챙기고 상대방의 장점을 살려 주어 리더로 키워준다. 그러나 건강하지 않으면 독재자가 되어 자기도 힘들고 다른 사람에게도 피해를 주는 사람이 된다. 겉으로 보기에도 강하게 보이며 어깨를 올리고 걷거나 배를 쑥 내미는 체형이 많다. 목소리도 크고 몸에서 흐르는 기가 세다. 단정적이며 명령조 또는 사무적으로 말을 한다. 어릴 때부터 친구들을 달고 다니며 친구들로부터 '대장님' 소리를 잘 듣는다.

2. 버럭 대장*

성경 노하기를 더디 하는 것이 사람의 슬기요 허물을 용서하는 것이 자기의 영광이니라(잠언 19:11).

찬송 93장. 예수는 나의 힘이요

말씀 나눔 나의 힘과 예수님의 힘의 차이를 생각해 보십시오.

   믿음을 가진 자로서 제일 하지 말아야 하는 것이 화를 내는 것이다. 아무리 신앙이 좋다고 해도 한 번 화를 내고 나면 하나님 앞에서도 죄가 되지만 사람들에게도 신뢰가 떨어지고 만다. 지도자라면 더욱더 그렇다. 역사적으로나 성경 속에서나 인격이 온전하거나 덕망 있는 지도자를 찾아보기는 참 어려운 일이다. 지도자에게는 의무와 더불어 권한도 주어지는데 현명한 지도자는 다른 사람을 위해 그 권한을 사용하지만 이 세상에는 자기가 마음대로 힘을 부리는 지도자들이 많다. 사람들은 세계의 모든 지도자나 교계의 지도자를 보면서 참 존경하고 싶은 지도자를 목말라 하고 있다. 정치가나 사업가, 종교계에서 에니어그램 8번 유형인 지도자들이 많이 있다. 그런데 8번은 수

---

* 글쓴이: 윤명선(공동체문화원 원장)

준이 높은 2단계에서도 화를 내어 버리는 약점을 가지고 있다. 1번도 화를 내지만 1번은 화를 참으려고 노력하는 편이다. 9번은 화나는 일이 생겨도 잘 참아내면서 어쩌다가 화를 낸다. 그러나 8번은 어떤 일이 닥치면 1초도 견디지 못하면서 자동적으로 화를 내며 상대방에게 상처를 주고 만다.

좋은 지도자의 예를 들자면 백성을 사랑하여 자나 깨나 어떻게 하면 민생의 문제를 해결할지를 고민하는 대통령이거나, 교인들이 하나님 앞에 바로 서도록 무릎으로 기도하며 그들을 돌보는 목사일 것이다. 그런데 당파 싸움만 하고 있는 정치가들이나, 교인들보다 자기 이익 챙기기에만 급급한 목사를 보면 참으로 한심한 생각이 든다. 좋은 지도자는 자기의 감정이나 자기의 생각대로 사는 사람이 아니라, 자기의 관심을 섬기고 있는 공동체에 두어야 한다.

그러나 지도자가 어떤 일을 하느냐 하는 것도 중요하지만 어떤 사람이 되어야 하는지, 즉 자기의 인격에 대해서 늘 수련을 해야 한다고 본다. 역사적 인물이나 성경 속에서의 임금들을 보면 참 좋은 정치를 할 때도 있지만 인격적으로 실수하는 사람도 많이 볼 수 있다. 화를 낸다는 말은 자기의 뜻이 이루어지지 않으면 정당하지 못한 방법으로 자기가 하고 싶은 일을 하는 것이라고 볼 수 있다. 다윗왕도 어릴 때는 하나님의 지혜로 골리앗 장군을 이겨 냈지만 나중에 자기의 자리가 굳혀지고 나니 교만해 져서 부하의 아내를 빼앗는 죄도 지었다. 이런 사람들이 에니어그램을 배워 자기 모습을 보며 그동안 잘 못 살아 왔던 것을 회개하며 돌이킨다면 얼마나 좋을까.

당파 싸움을 하는 것은 자기의 욕심을 채우는 데에 급급하며 서로의 허물을 용서하지 못하기 때문일 것이다. 그렇기 때문에 지도자에게는 지혜가 더 필요한 것 같다. 지혜로운 사람은 상대방의 허물보다는 자기의 허물을 먼저 보는 사람일 테니까.

여러 가지 허물과 죄가 있더라도 회개하면 십자가에 달리신 예수님의 보혈의 피로 그 죄가 씻겨 지지만 일생을 살면서 다시 죄를 지을 가능성이 우리에게는 너무나 많다. 그래서 성화의 길을 가기 위해서 노력을 해야 하는데 성경과 더불어 에니어그램이 그것에 도움을 줄 수 있다는 것을 말하고 싶다.

"주님! 제가 화내지 않게 도와주세요"라고 기도해도 구체적으로 어떻게 해야 화를 내지 않게 되는지를 잘 모를 수 있는데, 에니어그램에서는 8번이 화를 내지 않으려면 상대방의 마음을 알아주기 위해 '뜨거운 동정심'을 가져야 한다고 말한다. 상대방이 나를 화나게 하는 것이 기분은 나쁘지만 그가 그렇게밖에 할 수 없다는 것을 알아차려야 하기 때문이다. 그러나 흔히 사람들은 상대방에 대해서 생각하기보다는 나를 화나게 만드는 사람이나 환경에 대해 화를 내거나 불만을 품고 불행 속에서 살고 있다. 많은 사람들이 상대방에게 보복하는 일로 일생을 보내고 있는 것을 본다.

예수님께서는 왼뺨을 맞으면 오른뺨도 맞을 각오를 하라고 가르치셨는데 우리는 그렇게 살지 못하고 있음을 회개하는 것이다. 예수님께서는 십자가 위해서 죽어 가시면서도 자기를 죽이는 사람들을 위해 "아버지, 저들을 용서해 주십시오, 저들은 지금 자기가 무슨 짓을 하고 있는지 잘 몰라서 그러는 것입니다"라고 하셨는데 우리는 그렇게까지는 못해도 상대방 마음의 흐름을 알아내려고 애를 써야 할 것이다. 노하기를 더디 하기 위해서는 상대방의 마음을 알아차리는 연습을 해야 한다. 상대방의 마음을 알고 나면 그가 한 행동에 먼저 화를 내기보다 그를 이해하고 용서하고 받아들일 수 있는 마음의 여유를 갖게 되지 않겠는가!

노하기를 더디 하라는데 내가 가장 잘하는 일이 '버럭' 화를 내는 것이다. 일생동안 성경공부도 하고 기도를 열심히 하면서 살았건만 믿음 따로 생활 따로 살아온 것이다. 그 말은 내가 어떻게 살아가는지를 별로 심각하게 생각하지 않았다는 말이다. 하나님 앞에서 나를 인식하는 작업을 하지 않았다는 말이다.

그냥 '화내지 않게 해 주세요', '남을 용서하는 마음을 주세요' 이렇게만 기도를 해 왔지, 내가 왜 화를 잘 내는지, 왜 내 마음대로 안 될까 봐 두려워하는지를 주의 깊게 분석해 보지 않았었다.

그런데 에니어그램을 배우면서 8번인 나의 특징적인 죄를 깨닫고 보니 내가 욕심이 많고, 다른 사람에게 지기 싫어서 내가 항상 제일이라는 오만 속에 빠져있고, 내 마음대로 하고 싶어 하고… 이루 말할 수 없는 복잡하고 무서운 격정을 지닌 것을 알게 되었다. 다른 사람의 감정까지도 지배하려고 하는 고집이 있어, 부드러운 말이나 표현을 살갑게 해야 하는 교인들에게나 가족들에게까지도 마음을 유연하게 쓰지 못하며 살고 있었다.

이것은 다른 사람에게 지배당할까 봐 두려워서 약함을 기피하는 것과 통하여 있다. 초등학교 때 웅변대회에 나가는데 내가 하도 덜덜 떠니까 선생님이 떨지 말라고 하면서 앞에 있는 사람들을 모두 고구마로 생각하라고 말해주셨다. 그 말이 내가 사람들을 무시하는 데 도움(?)이 되었나? 어쨌든 약하지 않으려고 하는 것 속에는 자기가 강해져서 다른 사람을 지배하려고 하는 속성이 들어 있는 것이다. 그래서 나는 강해지려고 노력을 했고, 누가 나를 헤치려고 하면 강하게 대결하곤 하였다.

그런데 사실 8번은 정의로운 사람이 될 수 있다. 약한 사람을 보면 도와주고 싶어 하고, 자기 혼자 잘 먹고 잘살려고 하지 않고 자기 가족이나 공동체에 속해 있는 사람들의 복지를 생각하는 사람이다. 약한 사람을 해치는 사람을 보면 가만있지 못하고 그것을 말리려 한다. 그런데 그런 마음이 지나치다 보면 정의를 실현하려다 또 다른 불의를 저지를 수 있는 위험도 같이 내포하고 있다. 정의의 함정에 빠지다 보면 복수극도 마다하지 않게 된다. 나는 누가 잘못을 저지르거나 나에게 억울하게 한 사람에게는 반드시 보복을 하였다. 그것은 잘못한 사람에게 틀렸다고 가르쳐주어야 정의를 실천한다는 생각이었고, 잘못한 사람은 그에 맞는 벌을 받아야 한다는 생각을 했기 때문이다.

그런데 에니어그램으로 본 나의 회개는 다른 사람에게 뜨거운 동정심을 갖지 못했다는 것을 깨닫는 것이다. 그러고 보니 나는 모든 것을 일이라는 잣대로 보았지, 인간 존재에 대한 생각은 하지 않고 살아온 것을 알게 되었다. 그렇게 살아온 나를 내가 가진 잣대로 본다면 용서받을 수 없는 죄를 너무나 많이 짓고 살아온 것이다. 다른 사람들이 내게 보복을 했다면 나는 이미 살아 있지 못했을 것이다. 그러나 성경 말씀이 나를 구원해 주었고 에니어그램은 그것이 무슨 뜻인지를 알게 해 주었다.

나는 8번의 회개인 '뜨거운 동정심'으로 나를 바라보기도 하고, 다른 사람을 바라보기 시작하였다. 그러나 나도 모르게 올라오는, '버럭' 화를 주체할 수가 없는 것도 깨닫는다. '잘못하거나, 내 맘에 들지 않는 행동을 하는 사람을 보면 나도 모르게 화가 나는 것을 어떡하라고!' 하면서 한탄할 때도 많이 있다. 그러나 이렇게 처절하게 절규하는 횟수가 많아지면서 성령께서 나를 인도하시는 것을 깊이 느끼게 된다. 나 자신이 노력하기도 하지만 성령의 인도로 내가 할 수 없는 영역으로 약간씩 다가가고 있다는 것을 알 수가 있다. 지금은 내가 보복을 하고 싶은 사람도 없고, 미워서 견딜 수 없는 사람도 많이 없어진 것 같다. 그러나 저절로 '뜨거운 동정심'이 막 일어나지는 않는다. 나에게 집중해야만 겨우 되는 수준이다.

하나님은 지혜이시기 때문에 그 지혜를 받아들이는 사람은 노하기를 더디 하는 슬기를 얻을 수 있고, 남의 허물을 용서하는 것이 영광이라는 말씀 앞에 서니, 내가 하나님만 의지하고 살면 이렇게 되겠구나 하는 희망이 생긴다. 늘 화내지 않고 다른 사람을 용서하면서 산다면 우선 내가 편하지 않겠는가! 내가 해방되면 나를 보는 다른 사람도 편하게 되겠지. 모든 사람이 성경과 에니어그램으로 자기 자신을 돌아본다면 우리는 이 땅 위에서 하늘나라를 사는 사람들이 되는 것이다. 그리하면 나도 약한 사람과 더불어 편안하게 지낼 수 있는 소박한 인간이 되어 나도 행복하고 남도 행복하게 해 주는 사람이 될 것이다.

세상의 많은 지도자들이 에니어그램을 배워서 인류를 위해서 사는 삶을 살았으면 참 좋겠다.

기도 주님! 에니어그램 8번인 사람들을 만들어 주시고, 그들의 힘으로 다른 사람을 도우면서 함께 살기를 원하시는 것을 압니다. 나에게도 여러 가지 재주와 힘을 주셨는데 그것을 내 마음대로 사용했던 것을 고백합니다. 용서하여 주옵소서. 에니어그램으로 성경을 보게 해 주신 은혜를 감사하며 내 뜻대로 말고 주님을 의지하며, 내 자신이 힘이 아니라 예수님이 힘인 것을 인정하며 살겠습니다. 함께 수련해 갈 수 있는 공동체를 허락하셨으니 그 관계가 영원으로 이어지게 허락하여 주시기를 예수 그리스도의 이름으로 기도합니다. 아멘.

9번 유형: 보존형

1. 보존형의 개괄적 소개

특성   화해자, 행동하는 평화주의자

격정   나태

이들의 나태는 정신적인 나태에서 기인한다. 스트레스를 받으면 자신에게 집중하지 못하고 정신심리적인 나태로 빠져 행동의 나태로 이어진다. 미루거나 아무것도 하지 않으며 눈을 감아버리거나 잠을 자 버린다.

기피   갈등

대체적으로 가정에서부터 평화롭게 살아서 갈등을 모르고 자랐기 때문에, 어쩌다 갈등이 생기면 그것을 정면으로 대처하지 못하고 피하다가 더 큰 갈등을 불러오기도 한다.

함정   자기겸비

화해주의자이면서 보존주의자이기에 현상을 유지하려는 마음으로 변화가 일어나는 일에 관여하지 않으려고 한다. 그러다가 일이 제대로 해결되지 않으면 '그래, 내 까짓게 무얼 해~'라고 자기를 비하하는 함정에 빠진다.

회개   무조건적인 사랑

자신만의 평화를 위해 정신심리적인 나태의 격정에 사로잡혀 갈등을 기피한 것과 자기를 비하하며 살아온 것을 회개해야 한다. 그리고 하나님의 무조건적인 사랑을 체험하지 못했음을 깨달음으로써 '분리될까 봐'라는 공포에서 자유로워지고 모든 일에 적극적으로 행동하게 된다.

덕목   근면

갈등과 긴장을 피하려고 남을 답답하게 할 정도로 소극적인 평화를 이루려던 것에서 벗어나 무조건적인 사랑을 하게 되면 근면의 덕목으로 온전한 평화를 이루게 된다. 모든 것을 수용하고 품을 수 있는 놀라운 저력으로 행동하는 평화주의자가 된다.

대표적 성서인물   아브라함, 요나단, 바나바

9번 유형 중 특히 청소년 아이들을 보면 흐느적거리며 걷는다. 무엇을 결정할 때 자기 혼자 결정을 잘 내리지 못하며 부모나 옆 사람들에게 물어보느라고 귀찮게 하기도 한다. 작은 일들에서는 남에게 맞춰주느라 자기의 주장을 안 하다 보니 나중에 자기의 정체성을 찾지 못해 고민하는 기간이 길어지기가 쉽다. 갈등이 생기면 피하다가 나중에 "호미로 막을 일을 가래로도 못 막는다"와 같은 상황이 생길 수도 있다. 방을 잘 치우지 않으며 어질러놓고 살면서도 별 불편함을 느끼지 못한다. 지각하는 사람이 많다. 그러나 건강하게 되면 일도 열심히 잘하고 대단히 진취적인 사람이 된다.

2. 나의 허울, 나의 평화*

성경 나를 사랑하는 자들이 나의 사랑을 입을 것이요 나를 간절히 원하는 자가 나를 만날 것이니라(잠언 8:17).
찬송 410장. 아 하나님의 은혜로
말씀 나눔 평화를 이루기 위해 할 수 있는 치열한 작업은?

나름대로 최선을 다해 열심히 살아왔다고 생각했던 내 삶이 어느 날 문득 전혀 다른 모습으로 보인다는 건 살아온 삶이 송두리째 흔들리는 견디기 힘든 충격이었다.

내가 생각하는 내 모습이 타인의 입장에서 보는 나와 다를 수 있다는 평범한 생각을 하지 못하고 살아왔다. 무엇이 나 자신을 투명하게 바라볼 수 없도록 내 의식의 눈을 가렸을까.

9번인 내 격정은 '나태'이다. 정신심리적인 나태, 어릴 적 부모님의 마음을 불편하게 하는 어떤 행동도 하지 않으려 했던 나는 자라면서 다른 사람들을 불편하게 할까 봐 행동하기를 두려워했다. 다른 사람들을 위한다는 이 무의식의 명분이 진정한 나를 보려는 의식조차 일으킬 수 없도록 무기력의 나태에 빠지

---

* 글쓴이: 서주옥(공동체문화원 회원)

게 했다. 나 자신을 바로 보지 못하는 착각과 무지의 혼돈 속에서 나는 다른 사람의 진정한 모습도 알아보지 못했다. 9번인 내 유형의 굴레 속에서 내가 보고 싶은 대로 보고, 내가 믿고 싶은 대로 믿는 허구의 세상에서 겉으론 평화로워 보이지만 나 자신의 진심도 다른 사람들의 진심도 느낄 수 없어 더 외로웠는지도 모른다. 내가 피하려고 했던 갈등과 두려움의 실체가 내 걱정이 만들어낸 허상임을 보면서 이제 내 삶은 세상을 의지하는 것이 아니라 길이요 진리이신 주님의 말씀에 의지해야 함을 깨닫는다.

에니어그램을 통해 나 자신의 모습이 다르게 보이기 시작하면서 생전의 남편의 모습도 다르게 다가왔다. 미안하다고 잘못을 사과할 그는 떠나고 없는데….

결혼생활 30년 동안 난 남편과 싸운 기억이 많지 않다.

남편 친구들은 그런 우리 부부를 불가사의하다고 놀렸다. 갈등을 힘들어하는 나는 남편과도 부딪치는 것을 가능하면 피했다. 그러나 해결되지 않은 갈등은 침묵할 뿐 내 안에서 사라지지 않고 소리 없이 분노하고 오해하며 더 큰 갈등이 되었다. 그리고 그것은 남편의 진정한 모습을 볼 수 없도록 내 의식의 눈을 가렸다. 나는 내가 늘 양보하고 남편을 존중하며 맞춰간다고 생각했다. 그래서 남편이 내게 했던 자상함이 당연하다고 생각하며 살았다. 이제야 객관적으로 보이는 내 모습은 차마 직면하기 부끄럽고 견디기 힘들다.

남들과 조금이라도 갈등을 일으키거나 부담을 주는 행동은 하고 싶지 않은 나, 남들에게 불편을 끼치지도, 남들로부터 방해를 받고 싶지도 않기 때문에 무심함으로 일관해 상대를 외롭게 한다는 사실을 모르는 나, 중요한 내 문제는 제쳐놓고 엉뚱하게 다른 일로 바쁜 나, 부탁을 거절하지 못해 들어주고 해결하느라 끙끙대는 나, 한번 결정하면 다른 생각을 하지 못하는 나, 당연한 내 권리를 주장하지 않아 내 몫도 못 찾는 자기 겸비의 함정에 빠진 나….

격정은 어느 순간에 나를 사로잡는 것이 아니라 내 무의식의 밑바닥에서 항상 나를 붙잡는 내 삶 그 자체였다.

지금 와서 생각해 보면 남편은 나를 참 많이 답답해했었다. 그런 나를 말없이 안타깝게 바라보던 그의 눈길이 그때는 야속하고 서운했다. 나는 늘 나를 양보하면서까지 다른 사람들을 위한다고 생각했으니까.

그와 살면서는 너무 익숙하고 당연해서 고마운 줄 모르고 있었던 그의 자상함이 이제 와 새삼 나를 미안함과 죄책감에 시달리게 한다. 생전에 알아주지 못했던 그의 마음을 뒤늦게 알아간다는 건 또 다른 고통이었다.

그는 아침에 일어나면 "잘 잤소" 하고 아침 인사를 건네는 사람이었다. 모닝커피를 타주고 내가 좋아하는 음악을 틀어주는 사람, 길치인 내가 언제 어느 곳에 있든지 웃으면서 달려 와주는 사람, 연애할 때와 별반 다름없이 30년을 한결같은 모습으로 함께했던 사람, 결혼 전 우울하고 소극적이었던 내가 밝고 당당한 지금의 내가 되도록 지원을 아끼지 않았던 사람이었다.

눈을 감으면 남편에게 내가 어떻게 했었는지 떠올라 힘들다. 받는 사랑에 익숙해서 고마운 줄 모르는 나는 진정한 사랑을 할 줄 모르는 사람이었다.

"나를 사랑하는 자들이 나의 사랑을 입겠고 나를 간절히 원하는 자가 나를 만날 것이리라"(잠언 8:17) 하신 말씀을 묵상하면서 나는 길지 않은 나의 신앙생활을 되돌아본다. 주님의 사랑은 주님을 사랑하는 자가 입는다고 하셨다. 주님을 향한 나의 사랑은 어떤 모습인가, 주님 앞에서 난 내 모습을 진실하게 보고 있는가. 주님의 사랑은 언제나 누구에게나 조건 없이 공평하시다. 그러나 아무리 주님이 사랑을 넘치도록 부어주셔도 내가 주님을 사랑하지 않으면 그 사랑을 알아볼 수 없기 때문에 느낄 수도 없다. 나의 걱정은 나태, 나를 보지 않으려는 나태함을 회개하지 않으면 결코 주님의 사랑을 알아보지 못한다. 주님의 사랑 안에 있으면서도 그 사랑을 느끼지 못하는 어리석음이 갈등을 두려워하게 하고 스스로 자기 겸비와 내면의 안식처로 숨어 버림으로써 다른 사람들을 사랑하지 못하는 죄 안에 갇히게 했다. 이제야 주님은 언제나 늘 저를 향해 넘치는 사랑을 주시고 계셨음을 깨닫고 간절히 주님 만나기를 원한다. 내 삶이 감당하기 힘들거나 내 힘으로는 어찌지 못하는 상황에서 주님의 위로와 권능을 구하기 위한 간절함이 아니라 나를 주님의 자녀로 택해주신 은혜에 감사함으로, 내 일상의 삶이 평안함에 감사함으로, 살아있음에 감사함으로 간절하게 주님 만나기를 원한다.

잠언 말씀을 묵상하면서 나는 사랑에 대해 생각한다. 답은 없고 나 자신을 향한 질문만 가득하다. 주님을 향한 내 사랑이 그렇게 간절했는가. 생각해보면 항상 세상적인 삶이 먼저였다. 시간이 되면, 여건이 허락하면… 어쩌면 그만큼 간절하지도 사랑하지도 않았음을 고백하고 회개한다. 그동안의 내 신앙은 주님의 사랑과 간절함에 대한 마음만 있었고 행동은 없었다. 이제 주님을 향한 내 사랑과 간절함이 생각과 마음으로만이 아니라 행동과 함께해야 함을 깨닫는다.

기도 나약하고 부족한 저의 모든 것을 아시는 주님! 성격이라는 허상의 굴레에서 벗어나 저의 참모습을 보게 하심을 감사드립니다. 평화롭고자하는 나태함도, 행동하기를 두려워함도, 분리에 대한 불안도, 스스로를 낮추는 것도, 지나간 시간을 자책함도, 주님의 사랑을 믿지 못하는 죄임을 고백합니다. 저의 참모습을 알지 못한 어리석음으로 다른 사람들을 진정으로 사랑하지 못하였음을 용서하소서. 지금까지 저에게 넘치도록 베풀어 주신 주님의 조건 없는 사랑을 이제 다른 사람들에게 조건 없이 나누는 제가 되게 하소서. 삶은 저의 의지가 아니라 주님의 은총입니다. 주님이 제 삶의 중심이 되시는 새로운 삶을 살아가고자 하는 저에게 제 걱정과 세상을 분명히 바라보고 살아갈 수 있는 지혜와 힘을 주소서. 주님을 향한 저의 사랑과 간절함이 이제는 행동할 수 있도록 성령의 감동으로 저를 인도하소서! 우리 주 예수 그리스도 이름으로 기도합니다. 아멘.

《 참 고 문 헌 》

김영운.『에니어그램-내안의 보물찾기』. 고양: 올리브나무, 2007.

_____.『에니어그램으로 보는 성서인물이야기』. 서울: 삼인, 2014

게오르게 이바노비치 구르지예프. 풀라 옮김.『놀라운 사람들과의 만남』. 샨티, 2012.

돈 리차드 리소, 러스 허드슨. 주혜명 옮김.『에니어그램의 지혜』. 서울: 한문화, 2004

_____. 윤윤성 외 옮김.『에니어그램 성격유형』. 서울: 학지사, 2010

_____. 구태원, 도홍찬 옮김.『성격을 알면 성공이 보인다』. 서울: 중앙 M&B, 2003.

록사너 하우-머피. 한병복 외 옮김.『에니어그램 딥 리빙』. 스토리나인, 2016.

리처드 로어, 안드레아스 에베르트. 이화숙 옮김.『내 안에 접힌 날개』. 서울: 바오로딸, 2009.

레니바론, 엘리자베스 와겔리. 에니어그램 코칭 인스티튜트 옮김.『나와 만나는 에니어그램그램』. 연경문화사, 2014.』. 서울: 마음살림, 2013.

_____. 주혜명 외 옮김.『나를 찾는 에니어그램 상대를 아는 에니어

마리아 비싱 외 2인. 박종영 옮김.『자아 발견을 위한 여행』. 서울: 성바오로, 2000.

산드라 마이트리. 이정섭 외 옮김.『에니어그램의 격정과 덕목』. 서울: 포널스, 2016

산드라 마이트리. 황지연 외 옮김.『에니어그램의 영적인 지혜-진정한 '나'는 성격 너머에 있다』. 서울: 한문화, 2016.

엘리자베스 와겔리. 김현정 옮김.『에니어그램으로 보는 우리 아이 속마음』. 연경문화사, 2013.

진저 레피드-보그다. 이소희 옮김.『캐릭터코칭 & 리더십-에니어그램에 길을 묻다』.

    서울: 북허브, 2011.

함인숙.『엄마! 나도 마음이 있어요』. 신진리탐구, 2011.

P. D. 우스펜스키. 오성근 옮김.『굴지예프의 길』. 서울: the9, 2012

다솜학교 수련회 자료

공동체성서연구원 수련회자료

굴지예프와 에니어그램 지혜 (김영운 기조강연: 한국 에니어그램협회 추계학술대회)

부록

Enneagram

기독교인들이 쓴 에니어그램

공동체문화원 소개

 공동체문화원

1. 위치: 경기도 양주시 장흥면 권율로 29번지 71-28
http://cafe.daum.net/gongdongch

2. 하는 일: 에니어그램 연구

3. 지나온 길

1979년 작은교회(기독교대한감리회)를 창립한 김영운 목사와 윤명선 집사는 교회의 새로운 패러다임을 만들기로 하였다. 목사와 평신도, 남자와 여자가 협력하여 하나님 나라를 이루어 가는 것이다. 교회 안에서의 설교나 성서연구는 주로 김영운 목사가 맡고, 교회 밖 사회를 향하여 할 수 있는 일은 윤명선 집사가 맡아서 '공동체성서연구원'과 '공동체문화원'의 이름으로 '따로 또 같이'라는 개념을 세워 나갔다. 어떤 일은 공동체성서연구원 이름으로 어떤 일은 공동체문화원 이름으로 진행하였다.

4. 공동체문화원이 해온 일

1) 다솜학교(대안교육)

1979년 작은교회의 창립과 동시에 시작한 인격교육을 하기 위한 대안교육 프로그램이다. 다솜은 '다사랑 한다, 따뜻하다'라는 뜻의 우리나라 고어인데 다솜학교에서는 '다솜'의 공동체 운동의 의미를 포함하였다.

어느 기관하고도 섞여서 함께 교육할 수 있기에 그동안 이싹다솜학교(이싹회), Y다솜학교(수원YWCA, 안산YWCA), 신나는다솜학교(부스러기선교회), 행복한다솜학교를 하였고, 현재는 천안 아우내에 있는 아힘나다솜학교를 진행하고 있다.

2) 대안교육운동을 발표

대안교육을 실시하고 있던 또 하나의 문화, 따또학교, 이싹회, 작은교회가 모여서 그동안의 교육과정을 발표하는 모임을 가졌다. 대안학교라는 말을 그때부터 사용하기 시작했다.

3) 영성운동

공동체성서연구원과 협력하여
○ 목회자 성서연구

○ 영성수련

○ 햇순 발간

○ 작은교회 운동

○ 교회 개혁 운동

○ 민중교회 운동 스포터

4) 환경운동

하이얏트 호텔과 협력하여 남산 길에 가로수 아래 풀심기

5) 탈북자 교육

울산 YWCA와 협력하여 탈북자들에게 사회통합할 수 있도록 교육하는 프로그램

6) 에니어그램

공동체성서연구원과 협력하여 1992년부터 작은교회에서 시작하여 1995년 다솜학교 어린이와 학부형들이 공부하고 현재에 이르기까지 수고하고 있다.

○ 화요일 수련(아침 11시~저녁 10시)

○ 공동체문화원 정기세션(일 년에 네 번)

○ 목회자들의 에니어그램 학교(한 달에 한 번)

○ 에니어그램 연구소를 만들기 위한 수련회
○ 한양대학교 사회교육원 강의(매 학기마다)

7) 공동체문화원 전문강사

최재숙

수련팀장. 다솜학교 학부형으로 들어왔다가 교사가 되었다. 이화여자대학교 신학대학원에서 공부하고 있으며 "하나님의 말씀과 에니어그램"으로 논문을 쓰고 있다.

최경원

리더십팀장. 이싹다솜학교 학부형으로 들어왔다가 교사가 되고, 교감, 교장까지 역임하였다. 이화여자대학교 대학원 기독교학과에서 기독교교육학을 수료하였다.

박미례

총무. 작은교회, 대화문화아카데미 간사를 거쳐 현재 한양대학교회 스탭으로 일하고 있다. 가톨릭대 사회복지대학원에서 노인복지학을 공부하였다.

5. 공동체문화원 에니어그램 연구 및 활동

* 서울 YWCA 대학생부 에니어그램수업(2002~2005)
* 대학다솜학교 에니어그램수업(2007~)
* 한국여신학자협의회 청년영성수련(2002~2005)
* 부스러기사랑나눔회 공부방 신나는 다솜학교 에니어그램캠프(2008~ 2009): 로뎀민들레, 예은신나는집, 안양동안센타
* 선린교회 에니어그램 학부모교육(2008. 7, 1일 교육)
* 새문안교회 연합찬양팀 영성수련(2012. 8, 1박2일)
* 기독여성살림문화원 영성수련(2012. 2, 1박2일)
* 예장총회목회자 영성수련(2012, 1일 수업)
* 공동체문화원 회원 에니어그램수련(2009~)
* 한양대학교 :
    — 간호학부 에니어그램 교육(2012, 1박2일)
    — 간호대학원 에니어그램 교육(2012, 1박2일)
    — 간호대학원 에니어그램전공 박사과정 좌담회(2012~2013, 3회)
* 한양대학교 사회교육원
    — 제1기(2016. 9~12, 15주)
    — 제2기(2017. 3~6, 15주 예정)
* 한양대학교 에리카캠퍼스 사회교육원(2017. 3~6, 15주 예정)

* 몽골인목회자사모 에니어그램 교육(2013. 2, 1일 수업)
* 부스러기사랑나눔회 에니어그램 교육 :
    — 직원 에니어그램캠프(2013. 8, 1박2일)
    — 직원 에니어그램 교육(2013, 9회)
* 이천공동체 :
    — 목회자 에니어그램캠프(2013. 5, 1박2일)
    — 목회자 에니어그램수업(2013, 5회)
* 에니어그램학교(2013. 9~)
* 에니어그램 영성수련
    — 제1기(기초과정 : 2013. 7, 3박4일)
    — 제2기(기초과정 : 2013. 12, 3박4일)
    — 제3기(기초과정 : 2015. 1, 토요일 3주과정)
    — 제4기(심화과정Ⅰ : 2015. 5, 토요일 3주과정)
    — 제5기(특별과정Ⅰ : 2015. 7, 토요일 2주과정)
    — 제6기(심화과정Ⅱ : 2015. 8~9, 토요일 3주과정)
    — 제7기(목회자과정 : 2015. 8~10, 일요일 8주과정)
    — 제8기(정동교회 : 2015. 10, 1박2일과정)
    — 제9기(심화과정Ⅲ : 2016. 1, 토요일 3주과정)
    — 제10기(기초과정 : 2016. 4, 토요일 3주과정)
    — 제11기(심화과정Ⅰ : 2016. 7, 토요일 3주과정)

- 제12기(심화과정: Ⅱ 2016. 11, 토요일 3주과정)
- 제13기(목회자 기초과정: 2017. 1, 월요일 3주과정 예정)

* 대한에니어그램영성학회 영성수련
  - 제5기 영성수련 기초과정 교육(2014. 7, 2박3일)
  - 제3기 영성수련 심화과정Ⅰ 교육(2014. 11, 토요일 3주과정)

* 대한에니어그램영성학회 강사수련회
  - 제1차(2014. 8, 1박2일)
  - 제2차(2014. 10, 1박2일)

* 대한에니어그램영성학회 창립4주년기념학술대회 주제강연
"에니어그램영성, 그 의미와 실천"에 대한 "가슴중심의 영성" 실천방법 연구발표(2014. 8. 19)

* 주은교회 에니어그램 교육(2014. 8, 1일 교육)

* 극동대학교 간호학부 에니어그램 교육(2014. 8, 1일 교육)

* 정동교회 강원지역 목회자 리트릿 에니어그램 교육(2014. 9, 2박3일)

* 정동교회 에니어그램 교육
  - 제1차(2015. 12. 5, 1일 교육)
  - 제2차(2016. 12. 3, 1일 교육)

* 캐나다 토론토 에니어그램 교육(2015. 3, 1일 교육)

* 미국 LA 에니어그램 교육(2015. 3, 2일 교육)

* YWCA 보육교사 에니어그램 교육(2015. 4, 1박2일 교육)

* 수원YWCA 에니어그램 교육(2015. 6. 18, 25, 2일 교육)
* 한양대학교회 목회자 영성세미나
    ― 제1차(2015. 11. 24~25)
    ― 제2차(2016. 11. 23)
* 동소문교회 행복한다솜학교 에니어그램 교육(2014. 5~2015. 4)
* 아힘나평화학교 에니어그램 교육(2016. 3~ , 월1회 1일 교육)
* 남인순 국회의원 및 보좌관 에니어그램워크샵(2016. 6, 1일 워크샵)
* 공동체문화원 에니어그램 수련과정을 책으로 집필 중(2011~)
* 기타

글쓴이 소개

최경원
　공동체문화원 리더십팀장
　미 코네티컷 대학교 피아노과 졸업
　이화여대 일반대학원 기독교교육 석사수료
　에니어그램 전문강사
　다솜학교 교사

이애영
　공동체문화원 재무담당
　아세아연합신학대학원 기독교상담학 석사
　전 필리핀총회 선교사

김순희
　공동체문화원 회원
　한국방송통신대 졸업
　매산유치원 원장 역임
　매산교회 권사

이수인
　공동체문화원 회원
　덕성여대 도서관학과 졸업
　한우리봉사단 독서지도사
　정동제일교회 권사

김은희
>공동체문화원 회원
>한양대 음악대학 졸업
>포루투갈, 네팔, 영국, 폴란드, 뉴질랜드, 태국, 노르웨이 공공외교 참여

최재숙
>공동체문화원 수련팀장
>이화여대 화학과 졸업
>이화여대 신학대학원 석사과정 중
>에니어그램 전문강사
>다솜학교 교사

이정섭
>공동체문화원 회원
>한양대 간호학과 졸업
>이화여대 간호학박사
>에니어그램 전문강사
>대한에니어그램영성학회 회장
>한양대 명예교수
>전 한양대 간호학부 교수
>전 정신간호학회 회장

박미례
>공동체문화원 총무
>가톨릭대 사회복지대학원 노인복지학 석사
>에니어그램 전문강사
>한양대학교회 스텝
>전 작은교회 스텝
>전 대한문화아카데미 스텝

박찬남
    공동체문화원 회원
    이화여대 사회학과 졸업
    정동제일교회 사회교육관 총무

윤명선
    공동체문화원 원장
    이화여대 교육학과 졸업
    이화여대 일반대학원 기독교학과 수학
    에니어그램 전문강사
    다솜학교 창립
    식구공동체교회(예장) 담임목사

서주옥
    공동체문화원 회원
    창원대 일반대학원 상담심리학 석사
    아세아신학대학원 재학 중